U0689726

全本全注全译丛书

中华经典名著

梁满仓◎译注

人物志

中华书局

图书在版编目(CIP)数据

人物志/梁满仓译注. —北京:中华书局,2014.2(2025.2重印)
(中华经典名著全本全注全译丛书)
ISBN 978-7-101-09826-6

Ⅰ.人… Ⅱ.梁… Ⅲ.①人才学-中国-三国时代②《人物志》-译文③《人物志》-注释 Ⅳ.C96-092

中国版本图书馆 CIP 数据核字(2013)第 266111 号

书　　名	人物志
译 注 者	梁满仓
丛 书 名	中华经典名著全本全注全译丛书
责任编辑	王守青
装帧设计	毛　淳
责任印制	管　斌
出版发行	中华书局
	(北京市丰台区太平桥西里 38 号　100073)
	http://www.zhbc.com.cn
	E-mail:zhbc@zhbc.com.cn
印　　刷	北京盛通印刷股份有限公司
版　　次	2014 年 2 月第 1 版
	2025 年 2 月第 14 次印刷
规　　格	开本/880×1230 毫米　1/32
	印张 7½　字数 185 千字
印　　数	86001-92000 册
国际书号	ISBN 978-7-101-09826-6
定　　价	23.00 元

目　录

前　言

（一）

　　《人物志》是中国古代典籍名著之一。唐李德裕说："余尝览《人物志》，观其索隐精微，研几玄妙，实天下奇才。"宋人阮逸说："是书也，博而畅，辩而不肆，非众说之流也。王者得之为知人之龟鉴，士君子得之为治性修身之檠栝，其效不为小矣。予安得不序而传之！媲夫良金美玉，簏椟一启，而观者必知其宝也。"王三省说："（《人物志》使）修己者得知以自观，用人者持之以照物，焉可废诸！"明代郑旻说："（《人物志》）事核词章，三代而下，善评人品者，莫或能逾之矣。"清人纪晓岚说"其书主于论辩人才，以外见之符，验内藏之器，分别流品，研析疑似"，"所言究悉物情，而精核近理"。在现当代，人们对《人物志》的关注程度及评价，丝毫不亚于古人。汤用彤先生说，从《人物志》中可以看出曹魏初期学术杂取儒名法道诸家的特点，"故甚具历史上之价值"。钱穆先生说："我自己很喜欢刘劭此书，认为他提出'平淡'二字，其中即有甚深修养功夫。在我年轻时读《人物志》，至'观人察质，必先察其平淡，而后求其聪明'一语，即深爱之，反复玩诵，每不忍释；至今还时时玩味此语，弥感其意味无穷。"在二十世纪三十年代，美国心理学家施赖奥克将《人物志》翻译成英文，取名为《人类能力的研究》，在当时产生了很大的影响。

最近几年来,市面上关于注释整理《人物志》的书籍不下三四种。上述
事例表明,《人物志》是一部值得我们去关注和了解的中国古代典籍。

关注和了解一部著作,首先应从它的作者入手。《人物志》的作者
刘劭,字孔才,广平郡邯郸(治今河北邯郸)人。建安年间,在郡府中做
上计吏。在一次岁末进入京城洛阳向朝廷汇报地方政务时,上天给了
他一个展示才华的机会。当时朝廷太史发出了天象预报,说正月初一
将有日食发生。正月初一是朝廷举行大会之礼的日子,但根据当时制
度,遇到日食应当停止举行会礼。当时在场的数十人都主张废朝却会,
只有刘劭持不同意见。他说,古代著名的太史,也有计算天时错误的时
候,所以圣人提出不因为异常天象而废朝礼,这是因为有时候灾异之象
会自动消失,有时候太史推算错误。他主张不要因为这个预报而废却
朝礼,得到了当时正在负责上计工作的尚书令荀彧的赞同。结果是会
礼如期举行,日食也没有发生。

这件事以后,刘劭是否被提拔到中央朝廷任职,由于史书没有详细
记载不得而知,但刘劭受到朝中权贵的重视是没有疑问的。御史大夫
郗虑就曾经有过征召刘劭出来做官的想法。郗虑是曹氏的党羽,曹操
忌恨孔融,郗虑就给孔融罗织罪名进行构陷。曹操欲废献帝伏皇后,郗
虑就奉命率兵入宫逼杀。因此被从光禄勋提到御史大夫的位置。刘劭
被这样的权势所看重,也预示着他仕途的前景光明。正在这个时候,却
又发生了郗虑被免官的事。然而这件事并没有使刘劭的仕途发生逆
转,不久他就被任为太子舍人,又升迁为秘书郎。任太子舍人的经历,
使刘劭和太子曹丕有着密切的接触,所以当曹丕登上帝位后,先后任用
他为尚书郎和散骑侍郎。曹丕去世后,其子曹叡即位,是为明帝。刘劭
又先后任陈留太守、骑都尉、散骑常侍等职。不断变化的各种任职,也
给他多种才能的展示提供了各种舞台。

刘劭有丰富的天文气象知识,并善于用这些知识影响当时的礼仪
制度,前述关于日食与朝会关系的论述即是一例。明帝景初二年

(238)，朝廷欲改祀太极中和之气。刘劭不同意改祀，主张祀六宗之气。他说："万物负阴而抱阳，冲气以为和。六宗者，太极冲和之气，为六气之宗者也，《虞书》谓之六宗。"（《通典》卷44《礼典·吉礼》）刘劭的意见得到了众人的支持并被采纳。前一个是利用天文知识影响礼仪制度的事例，后一个则是用气象知识影响礼仪制度的事例。

刘劭熟知古代的爵位制度。他曾著有《爵制》一书，此书现已亡佚，现在我们所能看到的部分文字，是记述秦朝二十等爵位形成和发展的历史，二十等爵位的内容等等。文中对秦朝二十等爵位的记述十分清晰具体：一爵曰公士，二爵曰上造，三爵曰簪袅，四爵曰不更，五爵曰大夫，六爵为官大夫，七爵为公大夫，八爵为公乘，九爵为五大夫，十爵为左庶长，十一爵为右庶长，十二爵为左更，十三爵为中更，十四爵为右更，十五爵为少上造，十六爵为大上造，十七爵为驷车庶长，十八爵为大庶长，十九爵为关内侯，二十爵为列侯。从书名上看，《爵制》的全部内容不应当是仅仅记述秦代爵位制度，如果此书能够完整保存下来，一定会为我们了解三国以前的爵位制度提供清晰的线索。但我们从保存下来的部分内容中，可以看出刘劭对古代爵位制度的熟知程度。

刘劭的法律知识对当时的法律制度建设也很有影响。他在《人物志》中对法家从人才分类角度进行定义，认为是建立法律制度使国强民富的人。从这个意义上说，刘劭也可以称为法家，因为他在曹魏的法律制度建设方面有过作为。在他任骑都尉期间，与议郎庾嶷、荀诜等人制定科令，著《新律》十八篇。此外，《隋书·经籍志》中还著录了刘劭所著的《律略论》、《法论》等书籍。

刘劭博览群书，精通儒家经典。他在任散骑侍郎时，受魏文帝诏，把五经群书分类汇辑，编成《皇览》一书。他还为儒家的经典《孝经》作过注。在他的晚年，在家专门执经讲学。《人物志》把"能传圣人之业"作为儒学家的特征，从这个角度讲，刘劭又具有儒学家的才能。

刘劭在任陈留（今河南开封）太守的时候，敦崇教化，受到百姓称赞。《人物志》中把"能受一官之任"作为伎俩之才的特征之一，从这个角度讲，刘劭又具有伎俩之才。

明帝青龙元年(233)，割据辽东的公孙渊与南方的孙吴政权来往甚密，孙权派张弥、许晏等人带着珍宝从海路出使辽东，册封公孙渊为燕王。知道这个消息之后，曹魏政权有人主张出兵讨伐辽东，刘劭却反对这样做。他认为当初袁绍的儿子袁尚被打败后，投奔辽东。当时是公孙渊的父亲公孙康执政，他把袁尚斩杀，将他的首级送来。这表明公孙渊的先世是忠于曹魏政权的。再说公孙渊是否接受了孙吴的册封，还需要证实。历史上明智的做法，当边远之人不服时，要用美德征服而不使用武力。应当对公孙渊采取宽缓策略，给他以自新的机会。后来公孙渊果然像公孙康一样，杀了张弥、许晏等人，把他们的首级送来。还有一次，孙吴出兵围攻合肥。当时驻守那里的曹军正在轮番休息，兵力不足。驻守合肥的征东将军满宠一面上表朝廷，请求派兵增援，一面召集正在轮休的将士，主张待兵力集结后再对吴军发动攻击。刘劭分析这种形势说，敌兵现在正处在士气高涨的阶段，满宠如果以少于敌人的兵力发动攻击，必定不能取胜。他采取等待兵力集结后再发动攻击的做法是正确的，不会有所失。可先派遣步兵五千，精骑三千作为前锋，张扬声势。骑兵到合肥以后，疏散队形，多设旌旗鼓乐，在城下炫耀兵力，然后开到敌军后面，做出阻断他的归路、截断粮道的样子。敌人闻听支援大军来到，又见到骑兵欲断归路，必然害怕逃走，这样就可以收到不战而胜的效果。刘劭的建议被明帝采纳，而事情发展的结果也和刘劭所预料的一样。《人物志》中把"遭变用权"作为智意家的特征之一，从这个意义上说，刘劭也具有智意家的才能。

在魏明帝在位的时候，刘劭还写过一些文学作品，见于记载的有《赵都赋》、《许都赋》、《洛都赋》，其中《赵都赋》深受明帝赞美。刘劭所写的三赋没有完整地流传下来，但我们仍可从《赵都赋》的一些片断领略他的文采："声曜纷纭，泽浸宇内，元正三朝，莫不来届。""北连昭余，南属呼池,西盼大陵,东结潦河。"(宋杨简《慈湖诗传》卷 20)著名史学家陈寿对刘劭的评价是"该览学籍,文质周洽"。《人物志》中把"属文著述"作为文章家的特征之一,从这个意义上说,刘劭也具有文章家的才能。

刘劭在各方面所表现出的品格和才能,在夏侯惠推荐刘劭的表章中有精彩的概括。当时魏明帝下诏博求众贤,夏侯惠上表说:"臣私下看见常侍刘劭忠心耿耿,善于思考,擅长周密的谋划,凡是他糅合古制而创立的制度,都源流宏远。所以群臣上下都取自己和他相同的地方去斟酌比量。所以诚实的人佩服他的性情平和端正,清静的人敬慕他的深沉恬静为人谦让,擅长文字之学的人欣赏他的推理详尽而缜密,谙熟法律的人知道他的判断准确没有谬误,善于思考的人了解他的思想深刻而坚定,爱好文学的人喜欢他的著论文章,制定制度的人看重他的提纲挈领简明扼要,筹划谋略的人赞美他的思维敏捷考虑精到。上面这些评论,都是这些人取与他们自己适合的长处而列举刘劭的局部小节罢了。臣屡次听到刘劭的清雅谈论,观览他的深刻议论,和他相处的时间越长,敬佩他的时间越久,实在为朝廷有这样的人才而感到惊讶。臣认为像他这样的人,应当参赞朝政大事,向陛下出谋献策,以使他和国道一起兴盛,这样的人才不是世间所常有的。"

从夏侯惠推荐刘劭的表章中我们可以看到两个信息,一个是刘劭确实有多方面的才干,另一个是他和曹魏政权的关系。刘劭历事魏武帝、文帝、明帝、齐王四朝,夏侯氏与曹氏的关系又非同一般,他对刘劭的评价如此之高,就连为《三国志》作注的裴松之也认为多溢美之词,有点过分。不过这正反映了刘劭在政治上与曹魏政权的紧密关系。明白了这一点,就可以理解在他的晚年,当司马氏开始一步步地问鼎皇帝宝座时,刘劭为什么脱离政治,专以"执经讲学"为务了。

(二)

唐刘知几说:"民者冥也。冥然罔知,率彼愚蒙,墙面而视。或讹音鄙句，莫究本源；或守株胶柱，动多拘忌。故应劭《风俗通》生焉。五常异禀，百行殊轨，能有兼偏，知有长短。苟随才而任使，则片善不遗；必求备而后用，则举世莫可。故刘劭《人物志》生焉。"（刘知几《史通》卷十《内篇·自叙》）刘知几这段话包含了这样一个意思：应劭的《风俗通》和刘劭的《人物志》，各自有着产生的时代背景和时代需要。那么，《人物志》所产生的时代背景和时代需要是什么呢？

刘劭所生活的汉末三国时代，是一个分裂割据的时代，一个只能谋求局部统一，然后再进一步实现全国统一的时代。在这个时代中，中央集权的朝廷土崩瓦解，地方实力派分裂割据争夺地盘。在风云际会的政治舞台上，各种人物纷纷登台表演，诸多英雄龙争虎斗各显本色。因此，这个时代的人才表现也有以下几个突出的特点。

第一，多样性特点。人才是多种多样的，这在任何时候都一样。但汉末三国的特殊的社会政治环境，给各种人才展示自己的才能提供了宽阔的舞台，因此人才多样性的特点尤为突出。人才即有才能的人，按照这个说法，汉末三国时人才所表现出的才能是多种多样的。如果以人的才能类型分类：有以政治见长的，如曹操、刘备、诸葛亮、孙权等；有以军事见长的，如周瑜、陆逊、邓艾等；有以武勇见长的，如关羽、张飞、张辽、徐晃、蒋钦、甘宁等；有以智计见长的，如荀彧、郭嘉、庞统、法正、顾雍、诸葛瑾等；有以文学见长的，如王粲、孔融、应场、陈琳、徐幹、阮瑀、刘桢等；有以儒学见长的，如郑玄、王肃、管宁、邴原等；有以思辨见长的，如何晏、王弼等；有以方术见长的，如左慈、管辂、周宣、朱建平等；有以技艺见长的，如华佗、杜夔、马钧、钟繇、蒲元等。上述各类人才，品德有高有低，能力有大有小，才干有偏有全，这一切构成了当时人才状况的多样性特点。

第二，双向选择的特点。所谓双向选择，即指选才的当权者与被选人才之间的关系。人们常常把曹操"有事赏功能"唯才是举的选择人才标准挂在嘴边，似乎当时只有选择任用人才的一种流向。其实在当时任用人才与人才被用的选择是双向的。往往有这种情形，用人者想把对方作为自己任用的人才，而对方却不买账。例如东汉末杜袭，为避战乱客居荆州，荆州刺史刘表"待以宾礼"。而杜袭并没有把刘表当做主人。他见与他同到荆州的同郡人繁钦多次在刘表前表现才能，便对他说："吾所以与子俱来者，徒欲龙蟠幽薮，待时凤翔。岂谓刘牧当为拨乱之主，而规长者委身哉？子若见能不已，非吾徒也。吾其与子绝矣。"在杜袭看来，他到荆州的目的只是想"龙蟠幽薮，待时凤翔"，而刘表并非拨乱之主，不是投靠的对象，最后终于离开襄阳到了长沙。尽管刘表认可了杜袭的价值，杜袭却不认可刘表，这件事表明，用人与被用要经过双方的价值认可。由于双方认可的程度不同，也产生了多种层次的关系。这种关系可分为以下四种类型：

其一，双方价值认可度极高。例如，刘备与诸葛亮的关系就是如此。刘备三顾茅庐，把自己遇到诸葛亮比作鱼儿遇到了水，诸葛亮认为刘备不但是心向汉室的同路人，也是使自己施展才干实现远大抱负的明主。

其二，双方的价值认可度不对等。在一方的心目中，把对方看得很重；而在另一方看来，对方并非十分完美。《世说新语》刘孝标注所记载的宗承与曹操父子的关系就是典型的例子：

> 宗承字世林，南阳安众人。父资，有美誉。承少而修德雅正，确然不群，征聘不就，闻德而至者如林。魏武弱冠，屡造其门，值宾客猥积，不能得言，乃伺承起往要之，捉手请交。承拒而不纳。帝后为司空辅汉朝，乃谓承曰："卿昔不顾吾，今可为交未？"承曰："松柏之志犹存。"帝不说，以其名贤，犹敬礼之。敕文帝修子弟礼，就家拜汉中太守。武帝平冀州，从至邺，陈群等皆为之拜。帝犹以旧情介意，薄其位而优其礼，就家访以朝政，居宾客之右。

宗承正史无传，《后汉书·党锢列传》有宗慈，也是南阳安众人，宗承当与之同宗。宗承之父在当地有美誉，宗承本身也有使众人仰服的人格魅力,可见是当时的社会清流。曹操出身寒微,在当时社会地位不高,想与宗承交好,似有攀附之嫌。但仔细想来又不尽然,后来曹操成为权臣,而宗承却仍恪守当初的所谓"松柏之志",可见当初他拒绝曹操不完全是因为社会地位。据《太平御览》记载,宗承是个孝子,父亲死后,他亲自负土筑坟,不雇用旁人。从这件事看,宗承应当是个不越传统道德规范的人,而曹操自幼就表现出不按常规行事的反叛性格,可见二人的人生价值取向是有差异的。在寒微时的曹操眼里,宗承当然是个尽善尽美之人,否则不会屡造其门捉手请交。即使后来曹操腾达了,也仍然因为宗承是名贤而对其恭敬礼遇,让儿子曹丕对其修子弟之礼,并使之处宾客之右,可见曹操对宗承的价值认可度仍然不低。宗承对曹操的地位最终也接受了,曹操平冀州后宗承跟随他到了邺城就说明了这一点。然而宗承在人生价值取向上还是初衷不改,这就使得曹操仍以旧情介意,对宗承虽优其礼而薄其位,从而使二者始终保持一般的宾主关系。

其三,双方的价值认可程度前后有所变化。汉魏之际的许攸与曹操就是如此。许攸在官渡之战前夕离开袁绍投奔曹操时,曹操用宾客之礼接待他,对他十分敬重。可以说官渡之战曹操战胜袁绍,许攸确实起了重要作用。官渡之战后,许攸的表现引起了曹操的不满,据《三国志·崔琰传》裴松之注引《魏略》记载:

> 绍破走,及后得冀州,攸有功焉。攸自恃勋劳,时与太祖相戏,每在席,不自限齐,至呼太祖小字,曰:"某甲,卿不得我,不得冀州也。"太祖笑曰:"汝言是也。"然内嫌之。其后从行出邺东门,顾谓左右曰:"此家非得我,则不得出入此门也。"人有白者,遂见收之。

类似的事在孙吴也曾发生,吴郡人沈友,弱冠博学,多所贯综,善属文辞,兼好武事,注《孙子兵法》,是个文武兼通的才子。又能言善辩,只要他一开口,众人皆默然,莫与为对。其笔之妙,舌之妙,刀之妙,三者皆过绝于人。对于沈友,孙权以礼相聘,对其"敛容敬焉",把他当做贵宾。而沈友也对孙权的敬重给予回报，与他"论王霸之略，当时之务"，并劝孙权兼并荆州，对孙吴的政略起过重要影响。但是最终沈友还是被孙权杀了，其原因有两个，一个是因为他"正色立朝，清议峻厉"，遭庸臣所恨，诬陷他谋反。二是孙权担心他最终不能为己所用。仅仅从第一个原因看沈友是无辜的，综合起来看恐怕就和沈友自己的表现有关了。沈友被杀约在建安二十一年左右，此时孙吴政权正在走上坡路，其所依靠的对象正从以江北士人为主向吴姓大族为主转变的过程中。而沈友正是吴姓大族，如果他没有使孙权担心不为己用的表现，不会被无辜杀害。

其四，一厢情愿的价值认可。在这种关系中，只有用人者对被用者价值的认可，而对方却心有旁骛，只是出于某种原因，表面予以接受。造成这种关系的原因有很多，有的因为情况突然变化。如东汉末年董卓之乱后，荀彧感到家乡是个四战之地，乃应同郡人冀州牧韩馥的邀请，前去投奔。等到荀彧到了冀州，冀州的主人已经换成了袁绍。袁绍对荀彧非常看重，待荀彧以上宾之礼。返回家乡已不可能，欲投奔的主人又被逼下台，荀彧只能暂时接受袁绍的宾礼。然而荀彧对袁绍并不认可，他对袁绍的评价是"外宽而内忌，任人而疑其心"，"迟重少决，失在后机"，"御军宽缓，法令不立"，"凭世资，从容饰智，以收名誉"，度量、谋略、武略、德行都不行。这虽然是荀彧离开袁绍后的评价，但在离开他以前就认为他终不能成大事，所以在维持了很短的徒有虚名的宾主关系后，便投奔了曹操。有的迫于压力。如东汉末华歆任豫章太守，孙策开拓江东，率强兵向豫章扩张。华歆知孙策善用兵，乃弃城守，幅巾相迎。孙策"亲执子弟之礼，礼为上宾"。每当孙策举行聚会时，坐上莫敢先发言，只有在华歆"时起更衣"时才"议论欢哗"，江南号之曰"华独坐"。可见孙策对华歆的敬重。然而华歆内心却不甘为孙氏政权的座上宾，还在孙策进军豫章时他就表示："歆久在江表，常欲北归。孙会稽来，吾便去也。"官渡之战后，曹操以朝廷的名义征召华歆，华歆便对孙策的继承人孙权说："将军奉王命,始交好曹公,分义未固,使仆得为将军效心,岂不有益乎？今空留仆,是为养无用之物,非将军之良计也。"华歆把孙权留住自己说为"空留","养无用之物",绝不仅仅是自谦,也说明华歆急于返回北方朝廷,不愿被孙氏政权所用。有的是利用主人的宾礼待遇暂时栖身。前述颍川人杜袭就是这样的例子。又如河南人郑浑,董卓之乱后带侄子郑袤避难淮南,"袁术宾礼甚厚"。郑浑知袁术必败,后来他听说好友华歆在豫章,便离开袁术投奔华歆。杜袭、郑浑只是把荆州、淮南作为暂时避难栖身之处,与刘表、袁术的主宾关系徒有虚名。有的是为了积蓄力量。最典型的是刘备与刘表的关系。刘备在受到一系列挫折之后来到荆州投奔刘表,刘表亲自郊迎,以上宾礼待之。然而刘备并不甘久居人下,在荆州广引豪杰,积蓄发展自己的力量。他拜访隐居隆中的诸葛亮时,诸葛亮对他说："荆州北据汉、沔,利尽南海,东连吴会,西通巴、蜀,此用武之国,而其主不能守,此殆天所以资将军,将军岂有意乎？"刘备对诸葛亮的规划极为称赞,从此与之情好日密,可见他在为客荆州时就已经在打荆州的主意了。

　　第三,阶段性特点。以三国鼎立为界,此时期人才的阶段性,大致可分为前后两个时期。在前一个时期,天下分崩,群雄四起,战事不断,社会动荡。原有的秩序被打乱了,新的秩序正在重组,在这种重组中,人们都在寻求自己的位置。由于人们的社会理想、政治眼光、个人修养不同,寻求自己位置的方法和道路也各异。像诸葛亮那样怀宁静之心以求致远,蓄志待时以求明主的人毕竟是少数,大多数人都急于找到施展自己才干的舞台。在这种情况下,许多人才频频改换投靠对象。例如曹操的名将张辽,先为丁原部将,后又进京依何进,何进被杀后又以兵属董卓。董卓死后又归吕布。吕布为李傕所败,又从吕布东奔徐州。曹操破吕布,张辽将其众降。又如曹操的谋士贾诩,先在董卓部下任讨虏校尉,又在董卓女婿牛辅军中任职,董卓败后,又为李傕、郭汜谋士。不久又离开李傕投段煨。由于不为段煨所重用,又离段煨投靠南阳张绣。他先劝张绣与刘表联合，不久又劝张绣投靠曹操。在这个时期，各种政治军事人才忽南忽北，忽隐忽现，忽生忽灭，表现出极大的不确定性，可以说这是一个"群雄时代"。然而东汉社会分裂的原因主要在内部，是自己内部政治经济不可调和的矛盾总爆发。这种爆发虽然有毁灭一个王朝的巨大能量，但一旦原先的矛盾得到解决或缓解，其能量也会迅速削弱，社会也会以较快的速度重新整合。因此，三国鼎立标志着社会从分裂走向局部统一。在这个时期，曹操、刘备、孙权三个英雄从群雄中出类拔萃地凸显出来，形成了三个吸引各种人才的凝聚中心。可以说这是一个"英雄时代"。与前一个时期不同，在英雄时代，人才以三个政权为中心，进行了有序流动。

人才的多样性要求人们认识承认各种人才的价值，以不拘一格地任用人才。人才选择的双向性，意味着不但用人者需要发现人才，人才也需要有自己对心目中"明主"的选择标准。尤其是到了三国鼎立形成以后，统治者如何发现使用人才，人才如何提高自身的才能和修养以适应当权者的需要，更是一个非常现实的问题。正是在这种社会现实需要的背景下，才会产生《人物志》这样的关于人才的系统性理论著作。

（三）

《人物志》是我国古代第一部以人物为研究考察对象的专门著作。通过这部著作，刘劭系统地阐述了他的人才思想，具体说有以下几点：

第一，如何认识人才。这是关于人才观的理论探讨，它包括德与才的关系，人才表与里的关系，人才等级的划分，人的才能具有两重性等等。

品德与才干的关系，在某些政治家的社会实践中，有时把二者分离开来。如曹操就主张"唯才是举"，并下令让举荐"不仁不孝而有治国用兵之术"的人才。这当然与当时的实际需要有关，不能作为一种有普遍意义的指导理论。而作为理论阐述，刘劭在论述人的品德与才干的时候,常常把它们视为浑然一体,而不是把它们分裂开来。例如他说,"圣贤之所美,莫美乎聪明",又认为人的能力是由聪明才智所决定的。聪明是人的阴阳二气结合的精华,阴阳清纯和谐就会使人内心聪慧外表敏锐,圣人之所以光彩耀人,是因为他同时具有聪慧敏锐两种美德。刘劭所说的不是一般意义上的聪明敏锐,而是指人的最珍贵的自然本质。他把这种自然本质称为"中和",认为它能够调和出仁、智、忠、信、勇五种品德。"中和"本质是人的德、才、能高度的协调和统一。

刘劭又根据人才的表与里的关系,把人才分为不同的等级。他把人的精神、感情、筋腱、骨骼、气息、脸色、仪表、容貌、语言等九种外在的表现概括为"九征",把仁、义、礼、智、信概括为"五常",指出"九征"与"五常"的关系是表里关系,表里是否和谐以及和谐的程度,都影响着人才品第的高低。表里高度一致,达到中和的境界称作中庸,是最高品第的人才。表里大体上一致称作德行,较中庸次之。表里部分一致称作偏才,又次之。表里不和谐是人才的末流。在刘劭的人才观中,人才虽然是分成等级的,但在各个人才等级中,除了人才的末流之外,其他的刘劭全都予以关注,认为他们都是可任用的人才。他有一个重要观点,即"人材不同,能各有异",意思说尽管人才有各种各样,他们各自的能力有大有小,但都是值得去认识、发现、任用的人才。

在刘劭对人才的认识中,一些地方还体现了辩证法。比如在论述各类人才自身的两面性时说:"刚略之人,不能理微,故其论大体,则弘博而高远;历纤理,则宕往而疏越。抗厉之人,不能回挠,论法直,则括处而公正;说变通,则否戾而不入。坚劲之人,好攻其事实,指机理,则颖灼而彻尽;涉大道,则径露而单持。辩给之人,词烦而意锐,推人事,则精识而穷理;即大义,则恢愕而不周。浮沉之人,不能沉思,序疏数,则豁达而傲博;立事要,则熛炎而不定。浅解之人,不能深难,听辩说,则拟锷而愉悦;审精理,则掉转而无根。宽恕之人,不能速捷,论仁义,则弘详而长雅;趋时务,则迟缓而不及。温柔之人,力不休强,味道理,则顺适而和畅；拟疑难，则濡懦而不尽。好奇之人，横逸而求异，造权谲，则倜傥而瑰壮；案清道，则诡常而恢迂。"在论述人才性情的两面性时说："厉直刚毅，材在矫正，失在激讦。柔顺安恕，每在宽容，失在少决。雄悍杰健，任在胆烈，失在多忌。精良畏慎，善在恭谨，失在多疑。强楷坚劲，用在桢干，失在专固。论辨理绎，能在释结，失在流宕。普博周给，弘在覆裕，失在溷浊。清介廉洁，节在俭固，失在拘局。休动磊落，业在攀跻，失在疏越。沉静机密，精在玄微，失在迟缓。朴露径尽，质在中诚，失在不微。多智韬情，权在谲略，失在依违。"在论述争与让的关系时说："不伐者，伐之也。不争者，争之也。让敌者，胜之也。下众者，上之也。"诸如此类的分析在其他的论述中也多有所见，不一一列举。

人才观是关于认识、发现、使用人才的根本指导思想和理论。在刘劭的人才观中，才德并重不可偏废的观点，广纳各方面人才不以能力大小作为弃取标准的观点，辩证地认识人才的观点，毫无疑问都是值得我们今天重视和吸取的。当然在刘劭的人才观中，也有一些牵强的东西，如用木、金、火、土、水五行来比附人体骨、筋、气、肌、血，然后再把这些与仁、义、礼、智、信加以联系，说什么"勇怯之势在于筋，强弱之植在于骨，躁静之决在于气"，显然是有些穿凿附会生拉硬扯。

第二，如何发现人才。如果说如何认识人才是人才观，那么如何发现人才就是方法论。刘劭的《人物志》在这方面也做了不少有益的总结。

由表及里地发现人才。刘劭认为，人的刚柔明畅贞固的内质都有其外部显著的反映，它通过声音神色显示出来，通过性情趣味发散出来。所以反过来从人的外部表现可以发现其内在的品质。如刚毅坚强的仪容风度可以反映诚信正直的内在品质，奋进勇猛的仪容风度可以反映美善刚毅的内在品质，安逸悠闲的仪容风度可以反映平和有条理的内在品质等等。刘劭还总结出"八观"的方法：1、观其夺救以明间杂；

2、观其感变以审常度；3、观其志质以知其名；4、观其所由以辨依似；5、观其爱敬以知通塞；6、观其情机以辨恕惑；7、观其所短以知其长；8、观其聪明以知所达。这八个具体方法，都体现了由表及里的考察原则。

通过全面长期的观察发现人才。刘劭说："欲观其一隅，则终朝足以识之。将究其详，则三日而后足。何谓三日而后足？夫国体之人兼有三材，故谈不三日不足以尽之。一以论道德，二以论法制，三以论策术，然后乃能竭其所长，而举之不疑。"这里的"一隅"、"三材"、"终朝"、"三日"，似乎不能单纯地理解为"一个方面"、"三种才能"、"一个早晨"、"三个整天"，而是片面和全面，短期和长期的关系。

避免在考察人才时所发生的失误。刘劭在《七缪》一章中指出了考察人才时容易产生的七种谬误：1、察誉有偏颇之缪；2、接物有爱恶之惑；3、度心有大小之误；4、品质有早晚之疑；5、变类有同体之嫌；6、论材有申压之诡；7、观奇有二尤之失。指出七缪的同时，又提出一系列避免的方法，第一，认识一个人不能只凭众人对他怎样评价。第二，不要只凭自己的好恶。第三，不要对人全面地肯定或否定。第四，用发展的眼光看待一个人。第五，认识同类人之间关系的复杂性。第六，不能忽视一个人所处的具体环境。第七，考察人才既不能主观臆断独断专行，也不能人云亦云没有自己的主张。这些总结对于考察发现人才是有实践的指导意义的。

第三，如何使用人才。在《流业》一章中，刘劭指出清节家、法家、术家、国体、器能、臧否、伎俩、智意、文章、儒学、口辩、雄杰都是人才。在《材能》一章中，刘劭又指出，担任高级职务的是人才，担任低级职务的也是人才。这就是说，人才是各种各样的，人才的能力也有大有小。人才既然类型不同，能力大小各异，因此把他们放在合适的位置上，才能使他们的能力充分发挥出来，从而给国家的治理带来好处。如果把他们放错位置，就是使用人才不当，会给国家带来灾难。他还举出一系列例子，例如实行威慑刚猛政治的人适合讨伐叛乱，让他们治理善良的百姓,就会对百姓残暴不仁。君主的职责是发现人才,把他们放到适当的位置,以使他们的才能充分得到发挥,从而使国家得到有效的治理。这些论述体现了刘劭"量才用人"的思想。

(四)

《人物志》作为一部系统地阐述人才理论的典籍,在我国古代史上产生过很大影响。正因为如此,在《人物志》问世后,北魏人刘昞便为此书作注。刘昞是敦煌(今甘肃敦煌)人,敦煌所在的河西地区,在十六国时期是保存中原文化的一个重要据点。刘昞家世儒学,十四岁时便师从博士郭瑀,后隐居酒泉传授儒学,弟子受业者五百余人。西凉主李暠征其为儒林祭酒,负责西凉的儒学教育。北凉灭西凉之后,刘昞在新政权中任秘书郎,专管记载国家大事。由于儒学造诣高深,北凉主沮渠牧犍尊之为国师,亲自致拜,并命官署以下皆从之受业。北魏灭北凉后,拓跋焘夙闻刘昞之名,拜其为乐平王从事中郎,并允许他不迁往平城,留在本乡,并留一子抚养。刘昞在姑臧待了一年多,思乡欲返,走到两周西四百里一个名叫韭谷窟的地方病逝。刘昞一生著述甚丰,著有《略记》、《凉书》、《敦煌实录》、《方言》、《靖恭堂铭》二百余卷,四部古籍的注释,《人物志》为其中之一。刘昞以后,又出现了各种各样的版本,至今我们可以看到的基本是明清时期的版本,主要有:嘉靖顾定芳刻本、隆庆梁梦龙刻本、《汉魏丛书》本、《广汉魏丛书》本、《两京遗编》本、《快阁藏书》本、《增订汉魏六朝别解》本、《四库全书》本、《墨海金壶》本、《守山阁丛书》本、《畿辅丛书》本、《玉尺山房术数奇书》本、《玲珑山馆丛书》本、《龙溪精舍丛书》本、《四部丛刊》本、《四部备要》本。本次注释翻译此书,以台湾商务印书馆影印文渊阁《四库全书》为底本,参阅了部分版本和今人的成果。

原　序

【题解】

序言是一本书的开篇，大凡作序，往往有两种情况。一种是别人为本书作序，一种是自己为自己作序。前者大多偏重对本书的介绍和评价。例如宋代阮逸为《人物志》所作之序说："是书也，博而畅，辩而不肆，非众说之流也。王者得之为知人之龟鉴，士君子得之为治性修身之檃栝，其效不为小矣。予安得不序而传之！媲夫良金美玉，籯椟一启，而观者必知其宝也。"后者则不同，它一般介绍该书的主要内容及写作动机。《人物志》的原序就是如此。刘劭在序言中，论述了人才与事业成功的关系、贤君明主对人才的重视、孔子对人才的考察方法，最后指出，该书写作的目的，是依照圣人的准则，论述识别人才使用人才的理论和方法，以此来补缀前贤在这方面的疏漏和遗缺。

夫圣贤之所美①，莫美乎聪明②；天以三光著其象③，人以聪明昭其度④。聪明之所贵⑤，莫贵乎知人⑥。聪于书计者，六艺之一术⑦；明于人物者，官材之总司⑧。知人诚智⑨，则众材得其序⑩，而庶绩之业兴矣⑪。

【注释】

①美：认为……好。

②聪明：明察事理。唐张守节在解释《史记》中记载黄帝"成而聪明"时说："聪明，闻见明辩也。"

③三光：日、月、星。汉班固《白虎通·封公侯》："天道莫不成于三：天有三光，日、月、星；地有三形，高、下、平；人有三尊，君、父、师。"

④度：胸襟，气量。

⑤贵：重要。《孟子·尽心下》："民为贵，社稷次之，君为轻。"

⑥知人：辨识人才。

⑦六艺：古代教育学生的六种科目，即礼、乐、射、御、书、数。

⑧官材：授人才以官位。

⑨诚：如果。《管子·幼官》："举机诚要，则敌不量。"

⑩材：同"才"，指人才。序：顺序，次序。

⑪庶绩：各种事功。庶，众多。绩，事功。《尚书·尧典》："允厘百工，庶绩咸熙。"孔安国传："绩，功。咸，皆。熙，广也。"

【译文】

圣人贤者认为人的资质中，没有比明察事理更好的；天以日月星显示征兆，人以明察事理昭示其气度。在明察事理中，没有比能够辨识人才更重要的。善于文字与筹算，是六艺中的技巧；善于识别人物，是负责选拔人才官员的素质。如果能够用聪明智慧来辨识人才，那么众多的人才就能够排列出上下高低的次序，各种事业就会兴旺了。

是以圣人著爻象则立君子小人之辞①，君子者，小人之师；小人者，君子之资②。师资相成，其来尚矣③。叙《诗》志则别风俗雅正之业④，九土殊风⑤，五方异俗⑥，是以圣人立其教不易其方⑦，制其政不改其俗。制礼乐则考六艺祗庸之德⑧，虽不易其方，常以诗礼为首；虽不改其俗，常以孝友为本。**躬南面则援俊逸辅相之材⑨**，皆所以达众善而成天功也⑩。继天成物⑪，其任至重，故求贤举善，常若不及。**天功既成，则并受名誉⑫**。忠臣竭力而效能，明君得贤而高枕。上下忠爱，谤毁何从生哉。**是以尧以克明俊德为称⑬**，舜以登庸二八为功⑭，汤以拔有莘之贤为名⑮，文以举渭滨之叟为贵⑯。

【注释】

①圣人：此指孔子。宋以前人皆认为孔子作《易传》。爻象：《周易》中的爻辞和象辞。《周易》中以"—"表示阳爻，以"－－"表示阴爻，爻有爻辞，如：《乾卦》中初九爻之爻辞是"潜龙，勿用"，九五爻之爻辞是"飞龙在天，利见大人"等等。每六爻组成卦象，象辞是用来解释卦象和爻象的文辞。如《乾卦》的象辞有"天行健，君子以自强不息"之语。后爻象用来泛指《易传》。君子小人之辞：指爻辞和象辞中有关"君子"和"小人"的论述。如《坤卦》中有"君子以厚德载物"，《师卦》中有"小人勿用"等。

②资：利用。《后汉书·张纯曹褒传论》："资文、宣之远图明懿，而终莫或用，故知自燕而观，有不尽矣。"李贤注："资，用也。"

③尚：久，远。《史记·三代世表序》："五帝、三代之记，尚矣。"司马贞《索隐》刘氏云："尚犹久古也。"

④叙：排列次序。《诗》：即《诗经》，是我国有记载的最早的一部诗歌总集。志：诗中所抒发的意志和感情。《毛诗正义·周南关雎诂训传第一》："诗者，志之所之也。在心为志，发言为诗。"风俗雅正：指《诗经》中所含的风、雅、颂三种不同风格的诗。风即当时各国的民歌，雅即周王朝的乐曲《大雅》《小雅》，颂即商周时代宗庙祭祀的乐歌。《诗经》为孔子所删定，风、雅、颂之分也反

映了孔子心目中的次序。

⑤九土:九州。《后汉书·张衡传》:"思九土之殊风兮,从蓐收而遂
　　徂。"李贤注:"九土,九州也。"

⑥五方:东西南北中。

⑦方:道理,常规。《易·恒·象辞》:"君子以立不易方。"孔颖达
　　疏:"方犹道也。"

⑧考六艺祗庸之德:通过六艺考察人的恭敬守常的品德。六艺,一
　　指古代儒家教育的六个内容,即礼、乐、射、御、书、数。二指儒家
　　的六种典籍,即《诗》、《书》、《礼》、《乐》、《易》、《春秋》。《汉书·
　　艺文志》:"六艺之文:《乐》以和神,仁之表也;《诗》以正言,义之
　　用也;《礼》以明体,明者著见,故无训也;《书》以广听,知之术也;
　　《春秋》以断事,信之符也。五者,盖五常之道,相须而备,而《易》
　　为之原。"祗庸,恭敬恒常。郑玄注《周礼·春官·大司乐》中的
　　"祗""庸"说:"祗,敬;庸,有常也。"

⑨躬南面则援俊逸辅相之材:身居帝王之位选拔超群拔俗有辅佐
　　才能的人。南面,指帝王之位。古代帝王理政皆坐北朝南,故
　　言。援,拔举,提拔。俊逸,超群拔俗。晋葛洪《抱朴子·穷达》:
　　"俊逸絷滞,其有憾乎?"

⑩达:推举,推荐。《礼记·儒行》:"推贤而进达之。"天功:帝王的
　　功业。

⑪继天成物:秉承天意养育万物。

⑫并:合,一起。

⑬尧以克明俊德为称:尧因能够辨识才能出众、品德高尚的人而著
　　称。尧相传为上古帝王,帝喾之子,祁姓,名放勋。原封于唐,故
　　称陶唐氏。在位期间设官分职,制定历法,并派人治理洪水。晚
　　年禅位于舜。《尚书·尧典》称其:"克明俊德,以亲九族。"克,能
　　够。明,认识,辨识。俊德,才能超群、品德高尚的人。

⑭舜以登庸二八为功：舜因任用八恺八元而取得成效。舜相传为上古帝王，尧的接班人。姚姓，名重华，号有虞氏，又称虞舜。在位期间巡行四方，诛除"四凶"，任禹、后稷、契、皋陶等人分掌政事。年老后举荐治水有功的禹为接班人。《尚书·尧典》："帝曰：'畴咨若时登庸。'"登庸，举进，任用。孔安国注："畴，谁。庸，用也。谁能咸熙庶绩，顺是事者，将登用之。"二八，指八恺、八元。《左传·文公十八年》记载，高阳氏时有八个才德兼备的人，即苍舒、隤敱、梼戭、大临、尨降、庭坚、仲容、叔达，此八人即为八恺。高辛氏时有八个才德兼备的人，即伯奋、仲堪、叔献、季仲、伯虎、仲熊、叔豹、季狸。舜曾举用八恺管理土地、执掌农业、处理各种事务，任用八元负责掌管礼义教化。

⑮汤以拔有莘之贤为名：汤以提拔重用伊尹而出名。汤，商朝第一位王，又称成汤、武汤、武王、太乙、天乙。名履，主癸之子。定居于亳，用伊尹、仲虺为辅佐，接连攻灭韦、顾、昆吾等夏朝属国，又在鸣条打败夏桀，推翻夏朝，建立商朝。有莘之贤，即伊尹。有莘为古国名，在今山东曹县西北。成汤娶有莘氏之女，伊尹当时在有莘国为奴，作为陪嫁之臣进入商国，后被成汤发现重用，为灭夏建商出谋划策，建立大功。

⑯文以举渭滨之叟为贵：周文王因举用吕望而被尊崇。文，即周文王，姬姓，名昌，王季之子，武王之父，又称周侯、西伯、姬伯。原为商朝诸侯，被封西伯。在位敬老爱幼，礼贤下士。曾被商纣王囚禁于羑里，归周后得到诸侯拥护，伐犬戎、密须，灭崇国、黎国，使周强大起来，形成"三分天下有其二，以服事殷"的局面。渭滨之叟，即吕望，又称太公望、吕尚、师尚父。俗称姜太公、姜子牙。姜姓，吕氏，名尚，字子牙，周文王遇之于渭水之阳，说："吾太公望子久矣。"帮助武王伐纣，是西周的开国大臣。灭商后被封于营丘，为齐国的开国之君。

【译文】

所以圣贤为《易经》作《易传》的时候，文字中就有了君子与小人的不同，君子是小人师法的对象；小人是君子利用的对象。二者相辅相成，长久以来就是如此。在编订《诗经》的时候，就已经根据诗篇的不同意志感情，对《风》、《雅》、《颂》不同风格的诗篇排列了次序。九州不同风，五方不同俗，所以圣人设立教化而不改其常规，制定政略而不改其习俗。在制定礼乐制度的时候，就通过礼、乐、射、御、书、数等方面来考察人的恭敬守常的品德，虽然不改其常规，但固定把诗礼放在首位；虽然不改变其习俗，但固定以孝悌友爱为根本。身居帝王之位的时候，就选拔超群拔俗有辅佐才能的人，这些都是拔举众多优秀人才，完成帝业的事例啊。秉承天意养育万物，任务最重，所以寻求举荐贤才，常常恐怕做不到。帝业建成后，明君和贤臣就一起享受盛名和美誉了。忠臣竭尽全力贡献才能，明君因得贤人而高枕无忧。上爱下忠，诽谤谗毁从何而生呢？所以唐尧因能够辨识才能出众品德高尚的人而著称，虞舜因任用八恺八元而取得成效，商汤因为提拔任用伊尹而出名，周文王因为举用吕望而被尊崇。

由此论之，圣人兴德①，孰不劳聪明于求人②，获安逸于任使者哉！采士饭牛③，秦穆所以霸西戎④；一相仲父⑤，齐桓所以成九合⑥。是故仲尼不试⑦，无所援升⑧，犹序门人以为四科⑨，泛论众材以辨三等⑩。举德行为四科之首，叙生知为三等之上⑪。明德行者，道义之门；质志气者⑫，材智之根也。又叹中庸⑬，以殊圣人之德，中庸之德其至矣乎！人鲜久矣，唯圣人能之也。尚德以劝庶几之论⑭，颜氏之子，其殆庶几乎！三月不违仁⑮，乃窥德行之门。若非志士仁人、希迈之性⑯，日月至焉者岂能终之⑰？训六蔽以戒偏材之失⑱，仁者爱物，蔽在无断；信者露诚，蔽在无隐。此偏材之常失也。思狂狷以通拘抗之材⑲，或进趋于道义，或洁己而无为,在上者两顺其所能,则拘抗并用。**疾悾悾而无信**⑳,**以明为似之难保**㉑。厚貌深情,圣人难之。听其言而观其所为,则似托不得逃矣㉒。又曰"察其所安,观其所由"㉓,以知居止之行㉔。言必契始以要终㉕,行必睹初以求卒,则中外之精粗可见矣㉖。

【注释】

①兴德:成就化育万物的德政。兴,成就。德,古代特指天地化育万物的功能。《易·乾·文言》:"夫大人者,与天地合其德,与日月合其明。"姚配中注:"化育万物谓之德,照临四方谓之明。"

②求人:寻求人才。

③采士:远郊的士人。《礼记·王制》:"千里之外曰采。"饭牛:喂牛。《管子·小问》:"百里奚,秦国之饭牛者也,穆公举而相之,遂霸诸侯。"

④秦穆:即秦穆公(?—前621),春秋时秦国君。公元前659—前621年在位。名任好,秦德公之子。任用蹇叔、百里奚、由余、孟明治国。在位时灭西戎二十国,开地千里,遂霸西戎。

⑤仲父:即管仲。春秋齐人,名夷吾,与鲍叔牙为知己。经鲍叔牙举荐,被齐桓公任为卿相,尊为"仲父"。推行一系列政治经济改革,使齐国强大,成为春秋时第一个霸主。

⑥齐桓:即齐桓公。公元前685—前643年在位。名小白,僖公之子,襄公之弟。即位后以管仲为相,实行改革,国势强盛。实行尊王攘夷,九合诸侯,一匡天下,成为春秋五霸之首。

⑦仲尼:即孔子,名丘,字仲尼。不试:不被任用。孔子曾周游列国,希望被国君任用,以实现自己的政治主张,但始终没有如愿。

⑧援升:提拔任用。《礼记·儒行》:"其举贤援能有如此者。"

⑨四科：指德行、言语、政事、文学四类。孔子曾把他的得意弟子归为四类，颜渊、闵子骞、冉伯牛、仲弓为德行类；宰我、子贡为言语类；冉有、季路为政事类；子游、子夏为文学类。见《论语·先进》。

⑩三等：孔子曾把众人分为三个等级："生而知之者，上也；学而知之者，次也；困而学之，又其次也。"见《论语·季氏》。

⑪叙生知：排列生而知之者。

⑫质志气：以志向气度为本。

⑬中庸：孔子的政治、哲学主张，即待人、处事不偏不倚，无过无不及，守常不变。《论语·雍也》："中庸之为德也，其至矣乎！"何晏注："庸，常也，中和可常行之德。"

⑭庶几：差不多，近似。《易·系辞下》："颜氏之子，其殆庶几乎？"意为颜渊这个子弟，差不多是个贤人了吧！

⑮三月不违仁：孔子称赞颜渊之语。《论语·雍也》："子曰：回也，其心三月不违仁。"古时以三个月为一时节，时节三个月一变，而颜回之仁不随时节变化而变，意思是颜回的仁心长久不变。

⑯希迈：极少的，超然不俗的。

⑰日月至焉者：孔子批评不坚持"仁"之语。《论语·雍也》：子曰："其余则日月至焉而已矣。"意思是（除了颜回）其他人的"仁"都只坚持一天或一个月而已。

⑱六蔽：因不好学而造成的人品德上的六种偏弊。《论语·阳货》："子曰：'由也，女闻六言、六蔽矣乎……好仁不好学，其蔽也愚；好知不好学，其蔽也荡；好信不好学，其蔽也贼；好直不好学，其蔽也绞；好勇不好学，其蔽也乱；好刚不好学，其蔽也狂。'"意为，爱仁德不爱学习容易被人愚弄，爱要聪明不爱学习容易放荡浮躁，爱诚信不爱学习容易被人利用于己有害，直率而不爱学习容易说话尖刻伤人，逞勇敢而不爱学习容易闯祸，刚强而不爱学习

容易胆大妄为。蔽,弊端。

⑲狂狷(juàn):指志向高远富于进取的人与洁身自守拘谨无为的人。《论语·子路》:"子曰:'不得中行而与之,必也狂狷乎!狂者进取,狷者有所不为也。'"何晏注引包咸曰:"中行,行能得其中者。言不得中行则欲得狂狷者。"邢昺疏:"狂者,进取于善道,知进而不知退;狷者,守节无为,应进而退也。二者俱不得中而性恒一。"拘抗之材:拘谨或奋发的人才。与前"狂狷"同义。

⑳疾:痛恨,厌恶。悾悾(kōng)而无信:貌似诚恳而不讲信用。《论语·泰伯》:"狂而不直,侗而不愿,悾悾而不信,吾不知之矣。"邢昺疏:"悾悾,悫也。谨悫之人宜信而乃不信。"悾悾,诚恳的样子。

㉑为:同"伪"。

㉒似托:假象。

㉓察其所安,观其所由:语出《论语·为政》:子曰:"视其所以,观其所由,察其所安。"意思是考察他所结交的朋友,观察他的行为,了解他的内心。

㉔居止:起居行动。

㉕契始:合于开始。要终:符于结束。

㉖中外:表里。《逸周书·谥法》:"行见中外曰悫(què)。"孔晁注:"言表里如一也。"

【译文】

根据这些史实可以说,圣人成就化育万物的德政,有哪个不是运用自己明辨事理的才能去寻求发现人才,并且任用他们从而使自己获得安逸呢!秦穆公因得到在远郊喂牛的百里奚而称霸西戎,齐桓公因以管仲为相而九合诸侯成为霸主。所以孔子不能实现自己的政治理想,不被各诸侯国提拔任用,但他仍旧用德行、言语、政事、文学四科来给自己的学生分类,用生而知之、学而知之和困而学之三等来广泛地评论天下众人。德行为选人四个标准的首要标准,生而知之为三等人的上等。光大德行,则进入道义之门;以志向气度为本,则为才能智力之根。又赞叹不偏不倚守常不变的中庸原则,来突出圣人的品德,中庸恐怕是最高的德行了!常人很少有此德行,只有圣人才能达到。用对颜渊的褒赞来鼓励人们崇尚道德,颜渊这个子弟,差不多是个贤人了吧!长期不改仁义之德,才能看到德行之门。如果不是志士仁人稀有的超然不俗,那些不坚守仁义的怎能有始有终呢?用六蔽的训诫来使人们避免才能畸形发展所带来的弊病,仁者爱物,却有寡断的弊病;信者坦诚,也有尽显隐私的弊病。这些都是偏才常有的不足。希望得到志向高远富于进取的人和洁身自守拘谨不做坏事的人以使他们的才能得以发挥,有的人以道义而积极进取,有的人以无为而洁身自好,君主如果对二者发挥其所能,则会达到拘抗并用的效果。痛恨那些貌似诚恳却不守信用的人和行为,以此向世人说明伪装是难以持久的。厚貌深情,圣人也难以达到其内心。听其言观其行,则假象后面的真相就无法逃遁了。孔子又说"认识一个人要观察他的行为,了解他的内心",就知道他真实的举止行动了。言必从始听到终,行必从头看到尾,那么表里的真实情况就可以知道了。

人物之察也,如此其详①。不详察则官材失其序,而庶政之业荒矣。是以敢依圣训,志序人物②,庶以补缀遗忘③,惟博识君子裁览其义焉④。

【注释】

①详:审慎。《尚书·蔡仲之命》:"详乃视听,罔以侧言改厥度,则予一人汝嘉。"孔安国传:"详审汝视听,非礼义勿视听。"

②志:记录。

③庶:希望。

④惟:愿,希望。

【译文】

对人才的考察,应当这样的审慎。不详察则选才任官就会没有秩序,各种政务就会荒废。所以我斗胆依照圣人的准则,记述辨识人才使用人才的理论和方法,希望以此来补缀前贤在这方面的疏漏和遗缺,愿博学高识的君子裁决采纳其中的意思。

九征第一 人物情性、志气不同，征神见貌，形验有九。

【题解】

征，即指外在表现。九征，指人的九种性情的外在表现，这就是精神、感情、筋腱、骨骼、气息、脸色、仪表、容貌、语言。这九种表现是由人的内在本质所决定的，这就是仁、义、礼、智、信，也就是人们所说的"五常"。"九征"与"五常"的关系，是表里关系，表里是否和谐以及和谐的程度，都影响着人才品第的高低。表里高度一致，达到中和的境界称作中庸，是最高品第的人才。表里大体上一致称作德行，较中庸次之。表里部分一致称作偏才，又次之。表里不和谐是人才的末流，不受作者的关注。

刘昺注译文：人物内在的情感、性格、志向、气质是不同的，它们在外貌上的表现有九种。

盖人物之本①，出乎情性②。性质禀之自然，情变由于染习。是以观人察物，当寻其性质也。情性之理③，甚微而玄，非圣人之察，其孰能究之哉④！知无形状，故常人不能睹，惟圣人目击而照之⑤。凡有血气者，莫不含元一以为质⑥，质不至则不能涉寒暑，历四时⑦。禀阴阳以立性⑧，性资于阴阳，故刚柔之意别矣。

体五行而著形^⑨。骨劲筋柔，皆禀精于金木。苟有形^⑩，质犹可即而求之。由气色外著，故相者得其情素也^⑪。

【注释】

①本：此即下文刘昺注"性质禀之自然"之"自然"，意为人的内在的最根本的资质。

②情性：思想和性情。

③理：道理。

④究：弄清楚，弄明白。

⑤照：明白地昭示出来。

⑥元一：事物最本源最初始的状态。此处专指人的本质。

⑦质不至则不能涉寒暑，历四时：刘昺注释"莫不含元一以为质"这句话的意思说，人的最初的生理状态没有发展到最完善的时候，就不能度过严寒酷暑，经历春夏秋冬。

⑧禀：承受。阴阳：中国古代哲学的一对范畴，即万物中皆存在的对立统一相反相成的物质。此处专指人所具有的阴阳二气。刘昺进一步指出，人的性格刚强与柔弱，决定人的阴阳二气的强与弱。

⑨体：依据，效法。五行：水、火、木、金、土。中国古代哲学认为世界各种物质是由金、木、水、火、土五种元素构成的，并以此说明宇宙万物的起源和变化。《孔子家语·五帝》："天有五行，水、火、金、木、土，分时化育，以成万物。"形：指人的形体。

⑩苟：只要。《史记·周本纪》："子苟能，请以国听子。"

⑪情素：本心。

【译文】

人的内在的最根本的资质，是通过他的思想和性情表现出来的。性是人的自然本质，不会改变；情会由于外界的影响发生变化。所以观察人物，应当看他的本性。关于思想和性情的道理，是非常微妙和玄远的，如果不是古代圣贤的考察和研究，谁又能够把它们弄明白呢！人的思想无形无状，所以常人不能看到，只有圣人才能看到并明白地昭示出来。凡是有生命的物体，没有不包含最根本最初始状态的性质的，人的最初始的生理状态没有发展到最完善的时候，就不能度过严寒酷暑，经历春夏秋冬。他们秉承着阴阳形成个性，人的本性所赋予的阴阳二气强度不同，决定了性格刚强和柔弱的不同。依据五行而成就形体。骨骼的强硬和筋络的柔软，都是禀受金木之精气的结果。只要是有形体的生命物体，就可以根据形体去探求他们的本质。由于气色表现在外，所以观察者通过他们可以看到其内心的想法。

凡人之质量，中和最贵矣①。质白受采，味甘受和，中和者，百行之根本，人情之良田也。**中和之质，必平淡无味**，惟淡也，故五味得和焉。若苦，则不能甘矣。若酸也，则不能咸矣。**故能调成五材**②，**变化应节**③。平淡无偏，群材必御，致用有宜，通变无滞。是故观人察质，必先察其平淡，而后求其聪明。譬之骥騄④，虽超逸绝群，若气性不和，必有毁衡碎首决胸之祸也⑤。**聪明者阴阳之精**，离目坎耳⑥，视听之所由也。**阴阳清和则中睿外明**⑦，**圣人淳耀**⑧，**能兼二美**。**知微知章**⑨，耳目兼察，通幽达微，官材授方⑩，举无遗失。**自非圣人莫能两遂**⑪。虽得之于目，或失之于耳。**故明白之士**⑫，**达动之机而暗于玄虑**⑬，达于进趋而暗于止静，以之进趋，则欲速而成疾⑭；以之深虑，则抗夺而不入也⑮。**玄虑之人**，**识静之原而困于速捷**，性安沉默而智乏应机，以之闲静，则玄微之道构⑯，以之济世，则劲捷而无成⑰。犹火日外照不能内见，金水内映不能外光。人各有能，物各有性。是以圣人任明白以进趋，委守成于玄虑，然后动止得节，出处应宜矣。**二者之义，盖**

阴阳之别也。阳动阴静,乃天地之定性,况人物乎! 若量其材质⑱,稽诸五物⑲,五物之征亦各著于厥体矣。筋勇色青,血勇色赤,中动外形,岂可匿也。

【注释】

①中和:中庸之道的主要内涵。儒家认为能"致中和",则天地万物均能各得其所,达于和谐境界。《礼记·中庸》:"喜怒哀乐之未发谓之中,发而皆中节谓之和;中也者,天下之大本也,和也者,天下之达道也。致中和,天地位焉,万物育焉。"

②五材:人的忠、义、仁、信、勇五种品德。

③应节:迎合节拍,此处指适应社会的需要。

④骥骤:良马。汉王充《论衡·案书》:"故马效千里,不必骥骤;人期贤知,不必孔墨。"

⑤衡:车辕前端的横木。汉焦赣《易林·祉疾病无患》:"三骊负衡,南取芝香,秋兰芬馥,盈满筐筐。"决胸:胸膛开裂。

⑥离目坎耳:《易》将人的首、腹、足、股、耳、目、手、口与八卦对应:乾为首,坤为腹,震为足,巽为股,坎为耳,离为目,艮为手,兑为口。

⑦中睿外明:内心聪慧外表敏锐。睿,聪明。明,敏锐。

⑧淳耀:光明。

⑨章:明显,显著。

⑩官材:授人才以官位。官,动词,授官。授方:授以为官之法。

⑪两遂:两种都能实现。下文刘昺说"耳目兼察,通幽达微,官材授方,举无遗失",可见两遂指的是耳聪目明、知微知著。

⑫明白:机敏。

⑬玄虑:思虑深远。玄,远。《文选·连珠》陆机《演连珠五十首》:"臣闻通于变者,用约而利博;明其要者,器浅而应玄。"李善注:

　　"《广雅》曰:'玄,远也。'"

⑭疾:飞快。

⑮抗夺而不入:拒绝而听不进意见。抗夺,反对,拒绝。不入,听不进意见。

⑯构:造成。

⑰劲捷:有力而敏捷。

⑱量:衡量,评价。

⑲稽诸五物:考察五种物质。稽,考察。五物,指金、木、水、火、土五种物质。

【译文】

　　人的资质和能力中,各种情绪的表现与外界环境和谐一致可谓中和,而中和是最珍贵的。质地白易接受色彩美化,味道甜美易于调和。中和是百行之根本,培养性情的沃土。中和这种素质,必然是平淡无味的,只有清淡无味,五味才可以调和。如果是苦味,就不能使其变甜。如果是酸味,就不能使其变咸。因其淳厚淡泊所以能够调和出仁、智、忠、信、勇五种品德,并不断变化以适应社会需要。品性淳厚淡泊不偏斜,就能驾驭各种人才,尽其所用恰到好处,灵活变通没有阻碍。所以观察一个人考察他的素质,必然先要考察他是否有平淡的素质,然后才寻求他的聪明。譬如骐骥良马,虽然出类拔萃,如果没有中和气性,必定有车毁马亡之祸。聪明是人的阴阳二气结合的精华,眼耳是视觉听觉之根。阴阳清纯和谐就会使人内心聪慧外表敏锐,圣人之所以光彩耀人,是因为他同时具有聪慧敏锐两种美德。即能明察细微又能洞悉宏观,耳目兼用,通达幽微,任用人才交代任务,周到而无疏漏。除非圣人没有人能同时做到这两点。虽然得之于观察,可能失之于闻听。所以反应机敏的人,能够抓住行动的机会却不能做到深思熟虑,长于进取而不知止静,这样的人让他进取,则会过于快捷;让他深思熟虑,则会拒绝而听不进去。深思熟虑的人,能够静思事物的源头却不善于快速敏捷的行动,性格安稳沉默缺乏应变机智的人,用他静思默想,则能成就玄微之道,用他救助世人,则会缺乏劲捷而无成效。就好像火焰和太阳的光芒能照耀外物但不能映出自身的形象,金属和水面能映出外物的形象但不能对外放出光芒。人各有所能,物各有其性。所以圣人让聪明之人去进取,让守成之人去思考,动静全都符合规则,合适恰当。之所以有明白和玄虑的不同,就在于有阴阳的区别。阳动阴静是天地的固有之性,何况人物呢!如果衡量人的才能和资质,以金木水火土五种物质对照进行考察,那么五种物质的特征也显著地存在于他的身上。筋脉之勇表现为青色,血脉之勇表现为红色,内动即有外部表现,怎么能够隐藏呢!

　　其在体也,木骨、金筋、火气、土肌、水血五物之象也①。五性者成形之具②,五物为母③,故气色从之而具④。五物之实,各有所济⑤,五性不同,各有所禀。禀性多者则偏性生也。是故骨植而柔者谓之弘毅⑥,弘毅也者,仁之质也。木则垂荫,为仁之质。质不弘毅,不能成仁。气清而朗者谓之文理⑦,文理也者,礼之本也。火则照察,为礼之本。本无文理,不能成礼。体端而实者谓之贞固⑧,贞固也者,信之基也。土必吐生⑨,为信之基也。基不贞固,不能成信。筋劲而精者谓之勇敢⑩,勇敢也者,义之决也⑪。金能断割,为义之决。决不勇敢,不能成义。色平而畅者谓之通微⑫,通微也者,智之原也⑬。水流疏达,为智之原。原不通微,不能成智。五质恒性,故谓之五常矣⑭。五物,天地之常气。五德,人物之常行。

【注释】

　　①五物:指木、金、火、土、水五种物质。象:现象,表象。

　　②五性者成形之具:仁、义、礼、智、信与木、金、水、火、土相配。具,配备。

③母：本源。《老子道德经·五十二章》："天下有始，以为天下母。"

④气色从之而具：面色神态依据五物而生出。

⑤济：成就。

⑥植：同"直"。弘毅：宽宏坚毅，抱负远大，意志坚强。《论语·泰伯》："士不可以不弘毅，任重而道远。"何晏注引包咸曰："弘，大也。毅，强而能断也。"

⑦文理：礼仪。《荀子·礼论》："文理繁，情用省，是礼之隆也。文理省，情用繁，是礼之杀也。"

⑧贞固：守持正道，坚定不移。《易·乾·文言》曰："贞者，事之干也……贞固足以干事。"孔颖达疏："言君子能坚固贞正，令物得成，使事皆干济，此法天之贞也。"高亨注："贞固，正而坚，即坚持正道。干是动词，主持，主办。"

⑨吐生：滋养生命。

⑩筋劲而精者谓之勇敢：筋腱强劲而精干叫做勇敢。《庄子·徐无鬼》："筋力之士矜难，勇敢之士奋患。"说明筋力之士和勇敢之士的关系。

⑪勇敢也者，义之决也：勇敢就像金属截断物品一样果断。刘昞对这句话的注释说："金能断割，为义之决。决不勇敢，不能成义。"因为刘劭认为筋腱属金，筋腱强劲就能勇敢决断。

⑫通微：通晓、洞察细微的事物。

⑬原：同"源"。

⑭五质：即弘毅、文理、贞固、勇敢、通微五种品质。亦称"五常"。刘昞在注释"五质恒性，故谓之五常矣"时说："五物，天地之常气。五德，人物之常行。"他把五物、五德都视为五常。

【译文】

对人体来说，骨骼是与外界木相对应的物象，筋腱是与金相对应的物象，气息是与火相对应的物象，肌肉是与土相对应的物象，血脉是与水相对应的物象。仁、义、礼、智、信五性与木、金、火、土、水五物相配,五物为本源,所以面色神态根据五物而生出。五物所对应的物象,各自有其成就人的品质的作用。五性不同,各有所赋予。赋予多的则会出现偏性的现象。所以骨骼挺拔又柔韧的可以称作有远大抱负意志坚强的人,抱负远大意志坚强,这是"仁"的资质。树木垂荫,是仁的品质。品质不宽宏坚毅,不能成仁。气息清纯而又明朗的可以称之礼仪之人,礼仪是"礼"的根本。火光有照明助察之性,为礼之本。没有礼仪,不能成礼。形体端正而又坚实的可以称作守持正道坚定不移的人,守持正道坚定不移是"信"的根基。土必定滋养生命,是信的基础。基础不坚固,不能成信。筋腱强劲而精干的可以称之为勇敢之人,勇敢就是果断地行"义"的前提。金属能割断物品,是义的果决部分。果决而不勇敢,不能成义。血色平和而又通畅的可称之为通晓事物洞察细微之人,通晓事物洞察细微是"智"的本源。水流通畅,是智之源。源不通微,不能成智。弘毅、文理、贞固、勇敢、通微五种品质都具有恒常不变的特性,所以称它们为五常。金木水火土,是天地的常气。仁义礼智信,是人物的常行。

　　五常之别,列为五德[①],是故温直而扰毅[②],木之德也。温而不直则懦,扰而不毅则钊[③]。刚塞而弘毅[④],金之德也。刚而不塞则决[⑤],弘而不毅则缺[⑥]。愿恭而理敬[⑦],水之德也。愿而不恭则悖,理而不敬则乱。宽栗而柔立[⑧],土之德也。宽而不栗则慢,柔而不立则散。简畅而明砭[⑨],火之德也。简而不畅则滞,明而不砭则翳[⑩]。虽体变无穷,犹依乎五质。人情万化不可胜极[⑪],寻常竟源[⑫],常在于五。

【注释】
　　①五德:此指下文所述的五种品德。

②温直：温和而正直。《尚书·皋陶谟》："直而温。"孔安国传："行正直而气温和。"扰毅：和顺坚毅。《尚书·皋陶谟》："扰而毅。"孔安国传："扰，顺也。致果为毅。"

③剉（cuò）：折伤，挫折。

④刚塞：刚健笃实。《尚书·皋陶谟》："刚而塞。"孔安国传："刚断而实塞。"实塞，笃实。

⑤决：断裂。《礼记·曲礼上》"濡肉齿决"，郑玄注："决犹断也。"

⑥缺：缺损，不完整。

⑦愿恭：忠厚诚实恭敬庄重。《尚书·皋陶谟》："愿而恭。"孔安国传："悫愿而恭恪。"理敬：有治理才能而又谨慎恭敬。《尚书·皋陶谟》："乱而敬。"孔安国传："乱，治也。有治而能谨敬。"

⑧宽栗：宽宏大量而又小心谨慎。《尚书·皋陶谟》："宽而栗。"孔安国传："性宽宏而能庄栗。"柔立：温柔而有办事能力。《尚书·皋陶谟》："柔而立。"孔安国传："和柔而能立事。"

⑨简畅：爽快刚直，简约流畅。《尚书·皋陶谟》："简而廉。"孔安国传："性简大而有廉隅。"廉隅，棱角。明砭：明于事理又善于劝谏。

⑩翳：枯竭，枯死。《诗·大雅·皇矣》："作之屏之，其菑其翳。"毛亨传："木立死曰菑，自毙为翳。"

⑪胜极：穷尽。

⑫寻常竟源：探寻恒常的根源。

【译文】

根据五常的区别，可以分列出五种品德，所以温和而正直和顺而坚毅，是"木"的品德。温和而不正直则为懦弱，和顺而不坚毅则被挫折。刚健笃实而宽宏坚毅，是"金"的品德。刚健而不笃实则会断裂，宽宏而不坚毅则不完整。忠厚诚实恭敬庄重而有治理才能且谨慎恭敬，是"水"的品德。忠厚而不诚实则为昏乱，有治理之才而不谨慎恭敬也会导致昏乱。宽宏大量小心谨慎而又温柔有办事能力,是"土"的品德。宽宏大量却不小心谨慎则为懈怠,小心谨慎而无办事能力则为散漫。爽快刚直简约流畅而又明于事理善于劝谏,是"火"的品德。爽直而不畅快为滞涩,明于事理而不善劝谏则会枯竭。虽然人的品德和性情变化无穷,但其变化仍以五物的品质为依据。人情千变万化不可穷尽,五常则是恒常不变品质的根源。

故其刚柔明畅贞固之征著乎形容^①,见乎声色^②,发乎情味,各如其象。自然之理,神动形色,诚发于中,德辉外耀。故心质亮直^③,其仪劲固;心质休决^④,其仪进猛;心质平理^⑤,其仪安闲。夫仪动成容^⑥,各有态度:直容之动^⑦,矫矫行行^⑧;休容之动^⑨,业业跄跄^⑩;德容之动^⑪,颙颙卬卬^⑫。

【注释】

①形容:形体容貌,外部表现。

②见:同"现",表现。

③亮直:诚信正直。亮,通"谅",诚信。

④休决:美善而刚毅。休,美好。

⑤平理:平和有条理。

⑥容:外部表现。

⑦直容:正直之人的外部表现。

⑧矫矫行行:勇武刚强的样子。矫矫,武勇貌。《诗·鲁颂·泮水》:"矫矫虎臣,在泮献馘。"郑玄笺:"矫矫,武貌。"行行,刚强负气貌。《论语·先进》:"子路,行行如也;冉有、子贡,侃侃如也。子乐。"何晏注:"郑曰:'乐各尽其性。行行,刚强之貌。'"

⑨休容:温和之人的外部表现。

⑩业业跄跄:心怀危惧小心谨慎。业业,危惧貌。《尚书·皋陶

谟》："兢兢业业，一日二日万机。"孔安国传："业业，危惧。"跄跄，
形容走路有节奏的样子。《诗·小雅·楚茨》："济济跄跄，絜尔
牛羊。"高亨注："跄跄，步趋有节貌。"

⑪德容：品德高尚之人的外部表现。

⑫颙颙（yóng）卬卬（áng）：肃穆轩昂的样子。

【译文】

所以刚柔明畅贞固的内质都有其外部显著的反映，从声音神色显
示出来，从性情趣味上发散出来，各自与其外在的表现一致。心理活动
表现于外在脸色，果真发自心中，会有外在的光辉闪耀，这是自然之理。所以内
在品质诚信正直，他的风度仪容就坚毅刚强；内在品质美善刚毅，他的
仪容风度就奋进勇猛；内在品质平和有条理，他的仪容风度就安逸悠
闲。仪容风度的外部表现，各自有不同的姿态风度：正直之人表现出来
的样子，是武勇刚强的；温和之人表现出来的样子，是心怀危惧小心谨
慎的；品德高尚之人表现出来的样子，是肃穆轩昂的。

夫容之动作发乎心气①，心气于内，容见于外。心气之征，
则声变是也②。心不系一，声和乃变。夫气合成声，声应律
吕③。清而亮者律，和而平者吕。有和平之声，有清畅之声，有
回衍之声④。心气不同，故声发亦异也。夫声畅于气则实存貌
色⑤，非气无以成声，声成则貌应。故诚仁必有温柔之色，诚勇
必有矜奋之色⑥，诚智必有明达之色。声既殊管⑦，故色亦异
状。夫色见于貌所谓征神⑧，貌色徐疾为神之征验⑨。征神见貌
则情发于目，目为心候，故应心而发。故仁目之精⑩，悫然以
端⑪；心不倾倚，则视不回邪。勇胆之精，煜然以强⑫。志不怯
懦，则视不衰悴。然皆偏至之材⑬，以胜体为质者也⑭，未能不
厉而威，不怒而严。故胜质不精则其事不遂。能勇而不能怯，动

必悔吝随之⑮。**是故直而不柔则木**⑯，木强激讦⑰，失其正直。**劲而不精则力**⑱，负鼎绝膑⑲，失其正功⑳。**固而不端则愚**，专己自是㉑，陷于愚戆。**气而不清则越**㉒，辞不清顺，发越无成。**畅而不平则荡**㉓。好智无涯，荡然失纪。**是故中庸之质，异于此类。勇而能怯，仁而能决，其体两兼，故为众材之主。五常既备，包以澹味**。既体咸酸之量，而以无味为御。**五质内充，五精外章**㉔，五质澹凝，淳耀外丽。**是以目彩五晖之光也**㉕。心清目朗，粲然自耀。**故曰物生有形，形有神精**。不问贤愚，皆受气质之禀性阴阳，但智有精粗㉖，形有浅深耳。寻其精色，视其仪象，下至皂隶牧圉㉗，皆可想而得之也。**能知精神，则穷理尽性**㉘。圣人有以见天下之动而拟诸形容㉙，故能穷理尽性，以至于命。

【注释】

①动作：动起来。《论语·先进》："舍瑟而作。"刘宝楠《正义》："作，起也。"

②声变：随着心气而变化的声音。下文刘昺所说"心不系一，声和乃变"，即指声音随着心气变化。

③律吕：古代校正乐律的律管，十二支，因有不同的长度而产生不同的音高。从低音管算起，依次为黄钟、大吕、太簇、夹钟、姑洗、仲吕、蕤宾、林钟、夷则、南吕、无射、应钟。其中黄钟、太簇、姑洗、蕤宾、夷则、无射为阳律；大吕、夹钟、仲吕、林钟、南吕、应钟为阴律。六阳律称为六律，六阴律称为六吕。

④回衍：回旋伸展。

⑤貌色：容貌。

⑥矜奋：武勇果敢。

⑦管：定音高低的律管。

⑧征神:反映人的内心世界的神态、表情等。

⑨徐疾:快慢。

⑩精:同"睛",此指眼神。

⑪悫然:诚实谨慎的样子。《荀子·非十二子》:"其容悫。"杨倞注:"悫,谨敬。"

⑫煜然:光亮的样子。

⑬偏至之材:即偏才。

⑭胜体为质:让形体承担反映内质的任务。

⑮悔吝:悔恨。

⑯木:质朴,木讷。

⑰木强:质直刚强。激讦:激烈率直。

⑱力:倔强。

⑲负鼎绝膑(bìn):比喻能力小,力不从心。《史记·秦本纪》:"武王有力好戏,力士任鄙、乌获、孟说皆至大官。王与孟说举鼎,绝膑。"绝,折断。膑,胫骨。

⑳正功:正常的结果。功,功效,结果。

㉑专己自是:武断专行,自以为是。

㉒越:散失,飘散。《淮南子·主术训》:"精神劳则越,耳目淫则竭。"高诱注:"越,散。"

㉓荡:飘荡。刘昺在注释"畅而不平则荡"时说:"好智无涯,荡然失纪。"意思说没有边际地任用智力,荡然没有约束。

㉔五精:指仁、义、礼、智、信五种精神表现。外章:外露。

㉕五晖:五彩的光辉,此指多种表达的目光神情。

㉖但:只不过。

㉗皂隶:古代贱役。牧圉:养牛马的人。泛指下等人。

㉘穷理尽性:把道理和性情研究到家了。穷和尽都是终端、到头的意思。

㉙有以：有能力，有办法。

【译文】

　　人的外在表现的产生是由内部的心气而引发的，心气活动于内，容貌表现于外。心气变化的表征，是声音的变化。内心活动不是单一的，会随着声音的不同而变化。心气与声音相合，声音和乐音一样也可分为六律和六吕。律声清高明亮，吕声和谐平缓。有温和平缓的声音，有清纯流畅的声音，有回旋深长的声音。心气不同，所以发出的声音也不一样。声音在气息中流畅而其内在的本质体现在容貌之中，没有气便不能发出声音，声音一形成则容颜会应声而显。所以真正的仁爱必然显现出温柔的神色，真正的勇敢必然显现出武勇果敢的神色，真正的智慧必然显现出明澈通达的神色。声音既然有高低的不同，所以容颜也表现为不同的状态。容貌出现了这些神色就是人们所说的征神，容颜变化的快慢验证心神的变化。征神出现在容貌上而其神情则从眼睛中表现出来，眼是心灵的征候，所以眼神随心而变。所以闪耀仁慈目光的眼睛，是诚实谨慎端正无邪的；心不偏倚，则目光不会邪僻。反映勇气胆量的眼睛，是光亮强劲的。心志不怯懦，则目光不会衰败忧伤。然而这些都是偏才，是让形体承担反映内质的任务，不能做到不严厉而显威严，不发怒而显严厉。所以完美的内质不能精确反映，因此事情也不能如愿。只能勇进而不能怯退，悔恨就会伴随着行动。所以耿直而不兼具柔和则表现为质朴木讷，质直刚强激烈直率，不是直的常态。刚劲而不兼具精干则表现为倔强，举鼎绝膑，不是其正常的结果。固执而不兼具端正则表现为愚戆，自专无端，就会陷于愚戆。吐气而不清纯则会飘扬四散，吐字不清晰顺畅，声音会飘散。声音流畅而不平和则会飘荡消失。什么都想知道，荡然没有约束。所以处事不偏不倚守常不变的资质，是和上述所说不同的。勇进又知怯退，仁爱又能决断，兼有而不偏废，所以能成为所有人才中最出色的。仁义礼智信五常的资质已经具备，外部用平淡来包装。既有咸酸之质，又有无味之表。五常的资质充实于内，五种精神表现在外，五种特质凝聚于内，淳朴光耀表现于外。所以目光神情发出五彩的光辉。内心纯净，目光疏朗，明亮照人。所以说万物生来有其形体，形体也有它的精神。不论贤能还是愚蠢，全都是受阴阳气质赋予的表现，只不过智力有精细粗糙，表现有深沉浅薄的区别罢了。根据其精神容颜观察其形象，甚至是下等之人都能够做到的。能够深刻地了解精神，就把其中的道理和性情研究到家了。圣人有能力根据所有的内部活动而发现外部表现的规律，所以能把道理以至于命运研究到家。

性之所尽，九质之征也①。阴阳相生，数不过九②，故性情之变，质亦同之。然则平陂之质在于神③，神者质之主也，故神平则质平，神陂则质陂。明暗之实在于精④，精者实之本，故精惠则实明⑤，精浊则实暗。勇怯之势在于筋，筋者势之用⑥，故筋劲则势勇，筋弱则势怯。强弱之植在于骨⑦，骨者植之基，故骨刚则植强，骨柔则植弱。躁静之决在于气，气者决之地也，气盛决于躁，气冲决于静矣。惨怿之情在于色⑧，色者情之候也，故色悴由情惨，色悦由情怿。衰正之形在于仪，仪者形之表也，故仪衰由形殆⑨，仪正由形肃。态度之动在于容⑩，容者动之符也，故邪动则容态⑪，正动则容度⑫。缓急之状在于言。言者心之状也，故心恕则言缓，心褊则言急⑬。其为人也，质素平澹，中睿外朗，筋劲植固，声清色怿，仪正容直，则九征皆至，则纯粹之德也。非至德大人，其孰能与于此。

【注释】

①九质：即下文所说的神、精、筋、骨、气、色、仪、容、言。

②数不过九：《周易》卦象分阴爻、阳爻，阴爻为六，阳爻为九，九为最高数。

③陂(pō)：倾斜，不平。《易·泰》："无平不陂，无往不复。"孔颖达

　　疏:"路有倾危,是平路之将陂也。"

④精:同"情",感情。

⑤惠:通"慧",聪慧。

⑥用:功用。

⑦植:木柱。《墨子·备城门》:"城上百步一楼,楼四植,植皆为通
　　舄。"孙诒让《间诂》:"苏云:'四植即四柱。'"引申为支柱。

⑧惨:悲伤。怿(yì):喜悦。

⑨殆:困乏,疲惫。

⑩态度:举止神情。《荀子·修身》:"容貌、态度、进退、趋行,由礼
　　则雅,不由礼则夷固僻违,庸众而野。"

⑪态:通"慝",邪恶,欺诈。

⑫度:包容,囊括。

⑬褊:心胸狭小。

【译文】

　　概括全部人的性情,有神、精、筋、骨、气、色、仪、容、言九种表现。阴阳相生相长,但其数大不过九,所以性情的变化,质的变化与此相同。这就是平正邪歪的本质存在于精神,神为质之主,所以神平正则质平正,神歪斜则质亦歪斜。明慧与愚蠢的实质存在于感情,精神为实体之本,精神灵慧则实体聪明,精神浑浊则实体晦暗。勇敢与怯懦的态势存在于筋腱,筋为气势的功用,筋强劲则气势勇猛,筋软弱则气势怯懦。强弱的支柱存在于骨架,骨为支柱之基础,骨刚则支柱坚硬,骨柔则支柱软弱。暴躁与平静的关键存在于气息,气是决定情绪的关键,急躁决定了气盛,平静决定了气冲。悲伤与喜悦的情绪存在于脸色,面色是情绪的征候,面色憔悴是由于情绪惨淡,面色高兴是由于情绪喜悦。衰怠与端正的形态存在于仪表,容止是身形之表,容止衰是由于体乏,容止正是由于形体庄重。举止神情的活动存在于容貌,面容是行动的表现,行动邪恶则面容欺诈,行动正派则面容大度。和缓与急切的状态存在于语言。语言是心理的表现,心理宽恕则语言平缓,心地狭小则语言急

迫。一个人，内质纯洁平和淡泊，内心聪慧外表清朗，筋腱挺拔强固，声音清纯神色喜悦，仪表端正容貌庄重，这样九征全都具备了，道德就精纯完美了。不是至德君子，谁能达到这个境界呢？

　　九征有违，违谓乖戾也。**则偏杂之材也。**或声清色怿而质不平淡，或筋劲植固而仪不正直。**三度不同①，其德异称。**偏材荷一至之名，兼材居德仪之目，兼德体中庸之度②。**故偏至之材，以材自名③；**犹百工众伎，各有其名也④。**兼材之人，以德为目。**仁义礼智，得其一目⑤。**兼德之人，更为美号⑥。**道不可以一体说，德不可以一方待。育物而不为仁齐，众形而不为德凝。然平淡与物无际，谁知其名也⑦。**是故兼德而至，谓之中庸。**居中履常，故谓之中庸。**中庸也者，圣人之目也。**大仁不可亲，大义不可报，无德而称⑧，寄名于圣人也。**具体而微⑨，谓之德行。德行也者，大雅之称也。**施仁以亲物，立义以利仁，失道而成德，抑亦其次也。**一至谓之偏材⑩，**偏材，小雅之质也⑪。**徒仁而无义⑫，徒义而无仁，未能兼济，各守一行，是以名不及大雅也。**一征谓之依似⑬，**依似，乱德之类也。纯讦似直而非直，纯宕似通而非通⑭。**一至一违谓之间杂⑮，**间杂，无恒之人也⑯。**善恶参浑，心无定是，无恒之操，胡可拟议。无恒依似，皆风人末流⑰。其心孔艰者⑱，乃有教化之所不受也。末流之质，不可胜论，是以略而不概也⑲。**蓍徒成群⑳，**岂可数哉。

【注释】

①三度：指偏材、兼材、兼德三种人才德才比例的不同程度。

②"偏材荷一至之名"三句：偏材只在一种才能上比较完善，兼材有

道德表率的作用,兼德体现了中庸的深度。

③以材自名:以某一方面的才能命名。

④"犹百工众伎"二句:就好像各种工匠艺人各自有自己的名称。

⑤"兼材之人"四句:此四句《四库》本无,据《四部丛刊》本补。

⑥更为美号:以抽象的"美"来称之。

⑦"道不可以一体说"六句:大道不可以一种物体来说明,大德不可以一个方面来期待。养育万物而不是为了"仁"的名号,规范众人的行为不是为了"德"的名称。宁静平淡,与他物没有界限,这种境界谁又能知道他的具体名称呢?一体,一律。一方,一种。

⑧无德而称:谓德高难以形容。《后汉书·黄宪传论》:"士君子见之者,靡不服深远,去玭吝。将以道周性全,无德而称乎?"李贤注:"道周备,性全一。无德而称,言其德大无能名焉。"

⑨具体而微:总体上各种品德都已具备而发展程度还不高。《孟子·公孙丑上》:"子夏、子游、子张皆有圣人之一体;冉牛、闵子、颜渊,则具体而微。"赵岐注:"体者,四肢股肱也……具体者,四肢皆具。微,小也。"

⑩一至:在一方面的才能比较完善。

⑪小雅之质:相当于小雅。质,相当,对等。《礼记·聘义》:"介绍而传命,君子于其所尊弗敢质,敬之至也。"郑玄注:"质,谓正自相当。"

⑫徒:只有。

⑬一征:九征之中的一征。依似:似是而非。

⑭"纯讦似直而非直"二句:一味地攻击别人的短处,好像是正直但并非正直,一味地放荡不羁,好像是通达但并非通达。

⑮间杂:某些方面有才,某些方面无德。

⑯无恒:无恒常品德。

⑰风人:古代采集民歌民风以观民情的人,也指诗人。

⑱孔艰:很难知道。《诗·小雅·何人斯》:"彼何人斯,其心孔艰。"

郑玄笺："孔，甚；艰，难。"孔颖达疏："其持心甚难知也。"

⑲概：关切。《孔丛子·抗志》："虽以天下易其胫毛，无所概于
志矣。"

⑳蕃徒：众多信徒。

【译文】

对九征中有所违背，违即不一致的。叫做偏杂之才。或者声音清亮容色喜悦而实质不平淡，或者筋骨刚劲支柱坚牢而容貌不正直。偏材、兼材、兼德三种人材德才比例的程度不同，对他们品德的称呼也不一样。偏材承担着一至的名声，兼材有德仪兼备之称，兼德体现着中庸的气度。偏至之材以某一方面的才能命名；就像百工众伎那样各有其名。兼材之人以其所具有的品德作为称呼。仁义礼智，得到其中之一。兼德之人更应用一种抽象的"美"来称之。道不可以用一种方式体现，德不可以用一种方式看待。养育万物不因为归于仁而消灭差别，形形色色的事物不因为归于德而凝固为一。然而宁静平淡与他物没有界限，这种境界谁又能知道他的具体名称呢？所以兼具各种品德而达到极高的程度，就叫做中庸。居中履常，所以称作中庸。中庸，是对圣人的称呼。大仁是不可亲近的，大义是不可报答的，无德而称，暂时用圣人来做称呼。总体上各种品德都已具备而发展程度还不高，称之为德行。德行，是对大雅之人的称呼。用施行仁来亲物，用立义来利仁，失道而成德，也在其次。在一方面的材能比较完善叫做偏材，偏材，相当于小雅。只有仁而无义，只有义而无仁，不能兼而有之，只能各守一行，所以不如大雅之名。九征之中只具备一征叫做依似，依似，属德行紊乱一类。一味地攻击别人的短处好像率直而实际上并非率直，一味地放荡不羁好像通达实际并非通达。只在某些方面有材在另些方面无德叫做间杂，间杂指无恒常品德的人。善恶混杂，心无固定是非，没有恒定操行，有什么可以比拟呢？德行紊乱和无恒常品德，是风人中的末流之士。心胸狭小的人，有教化也接受不了。末流之人的品质，不能够把它说完，所以将其省略不予关注。这种人多得成群，怎么数得过来呢？

体别第二 禀气阴阳,性有刚柔,拘抗文质,体越各别。

【题解】

本章着重分析各种各样的偏才之人以及他们各自的长处和短处,这就是"体别"的意思。在人才品第上能够达到中庸的境界是非常不容易的,因此是极少数,多数人都是达不到中庸境界的偏才。偏才之人是各种各样的,他们各有自己的长处和短处。以一种才能见长的人,他们的才能表现的同时,短处也同时存在。所以在发挥自己的长处的同时,要力戒短处的干扰,不要使长处变成短处。

刘昺注译文:禀赋阴阳二气,性情有刚有柔,竞争进取、拘谨不争、文辞华丽、文辞质朴,体现的差距各有不同。

夫中庸之德,其质无名。泛然,不系一貌。人无得而称焉。故咸而不碱①,谓之咸耶? 无碱可容。公渐切,卤也,与硷同②。淡而不䞍③,谓之淡耶? 味复不䞍。质而不缦④,谓之质耶? 理不缦素。文而不绩⑤。谓之文耶? 采不画绩。能威能怀⑥,能辨能讷⑦,居咸淡之和,处质文之际,是以望之俨然⑧,即之而文,言满天下无辞费⑨。变化无方,以达为节⑩。应变适化,期于通物⑪。

【注释】

①碱:碱土,含有盐分的土壤,古人从中取盐。《后汉书·西南夷传·冉駹》:"地有咸土,煮以为盐。"

②硷(jiǎn):同"碱"。

③醶(kuì):没有味道。

④质而不缦:看起来质朴无华却并非没有纹饰。质,质朴,没有纹饰。缦,没有花纹的丝织品。

⑤文而不缋(kuì):看起来有文采却并非像五彩花纹的图案。文,同"纹"。缋,指彩色的花纹图案。《汉书·食货志下》:"乃以白鹿皮方尺,缘以缋,为皮币,值四十万。"颜师古注:"缋,绣也;绘五彩而为之。"

⑥威:使人畏惧慑服。怀:安抚。

⑦讷:忍住少说话。《后汉书·吴汉传论》:子曰:"刚毅木讷近仁。"李贤注:"讷,忍于言也。"

⑧俨然:严肃庄重。

⑨辞费:废话,啰唆。

⑩节:节度,限度。

⑪通物:通晓物理人情。

【译文】

　　中庸这种道德,他的实质内容没有一个确定的名称。泛然不拘单一的状态。人们找不到一个适当的称呼。因此说它咸却没有碱土的苦涩,说它咸吗? 又没有碱。碱,公渐切,卤,同"碱"。平淡却不是没有味道,说它淡吗? 又不是没有味道。看起来质朴无华却并非没有纹饰,说它质朴吗? 又不是没有纹理。看起来有文采却并非像五彩花纹的图案。说它有花纹吗? 又没有五彩绣纹。能够威慑人也能安抚人,能言善辩又能忍住少说话,居咸淡中和之中,处质朴文华之际,所以望上去严肃庄重,接触它感到文华,言语不绝而无废话。变化多端没有常规,以通达事物为限度。适应变化,期望通晓物理人情。

　　是以抗者过之①，励然抗奋于进趋之途②。而拘者不逮③。屯然无为于拘抗之外④。夫拘抗违中⑤，故善有所章⑥，而理有所失⑦。养形至甚则虎食其外，高门悬薄则病攻其内⑧。是故厉直刚毅，材在矫正，失在激讦⑨。讦刺生于刚厉。柔顺安恕，每在宽容⑩，失在少决。多疑生于恕懦。雄悍杰健，任在胆烈⑪，失在多忌。慢法生于桀悍⑫。精良畏慎，善在恭谨，失在多疑。疑难生于畏慎。强楷坚劲⑬，用在桢干⑭，失在专固⑮。专己生于坚劲。论辨理绎⑯，能在释结，失在流宕。傲宕生于机辨。普博周给，弘在覆裕⑰，失在溷浊。溷浊生于周普⑱。清介廉洁，节在俭固，失在拘局⑲。拘局生于廉洁。休动磊落⑳，业在攀跻㉑，失在疏越㉒。疏越生于磊落。沉静机密，精在玄微，失在迟缓。迟缓生于沉静。朴露径尽㉓，质在中诚㉔，失在不微㉕。漏露生于径尽。多智韬情㉖，权在谲略㉗，失在依违。隐违生于韬情。及其进德之日不止，揆中庸以戒其材之拘抗㉘，抗者自是以奋励，拘者自是以守局㉙。而指人之所短以益其失，拘者愈拘，抗者愈抗，或负石沉躯，或抱木燋死。犹晋楚带剑递相诡反也㉚。自晋视楚则笑其在左，自楚视晋则笑其在右。左右虽殊，各以其用。而不达理者，横相诽谤。拘抗相反，皆不异此。

【注释】

①抗：竞争进取。

②进趋：进取。

③拘：拘谨不争。不逮：追不上。

④屯然：戍守。

⑤违中：违背中庸之道。

⑥善有所章：有明显的好处。

⑦理有所失：有其过失之理。全句话的意思是，拘抗者违背中庸之道，只求其得而忽略了其所失。

⑧"养形"二句：刘昞在解释这句话时，引用了《庄子·达生》所讲的两个寓言："鲁有单豹者，岩居而水饮，不与民共利，行年七十而犹有婴儿之色。不幸遇饿虎，饿虎杀而食之。有张毅者，高门县薄，无不走也，行年四十而有内热之病以死。豹养其内而虎食其外，毅养其外而病攻其内。此二子者，皆不鞭其后者也。"县薄，垂帘。指小户人家。

⑨激讦(jié)：激烈地攻击别人的短处。讦，攻击他人的过错或短处。《论语·阳货》："恶讦以为直者。"何晏《集解》引包咸曰："讦，谓攻发人之阴私。"

⑩每：贪。《文选·鵩鸟赋》："贪夫殉财兮，烈士殉名；夸者死权兮，品庶每生。"李善注引孟康曰："每，贪也。"

⑪任：能力，才能。《韩非子·定法》："术者，因任而授官，循名而责实。"陈奇猷集释："太田方曰：'任，能也。'有能以胜任其事则任其事，故引申之为能也。"

⑫慢法生于桀悍：轻视法律是由于凶暴强悍。慢法，轻视法律。桀悍，凶暴强悍。

⑬楷(jiē)：树木名，亦称黄连木。其枝干挺直，这里用以形容刚直。

⑭用：有用，用处。桢干：古代夯土筑墙的器具，筑墙时所用的木柱，竖在两端的叫桢，竖在两旁障土的叫干。《尚书·费誓》："峙乃桢干。"孔安国传："题曰桢，旁曰干。"孔颖达疏："题曰桢，谓当墙两端者也。旁曰干，谓在墙两边者也。"

⑮专固：专擅，固执。

⑯理绎：梳理，分析。

⑰覆裕：普遍接触宽宏容纳。覆，覆盖，遮蔽，引申为普遍。裕，宽大，宽容。《易·系辞下》："《益》，德之裕也。"韩康伯注："能益物者，其德宽大也。"

⑱周普：完备，普遍。《周易郑康成注·易赞易论》："《周易》者，言易道周普，无所不备。"

⑲拘局：拘谨自闭。

⑳休动磊落：行为善美光明磊落。

㉑业在攀跻：建立功业在于向上攀登。攀跻，攀登。

㉒疏越：疏忽，疏漏。

㉓朴露径尽：质朴率直全部显示。

㉔质在中诚：秉性忠诚。中，同"忠"。

㉕不微：不善于隐蔽自己。微，隐匿，隐藏。《左传·哀公十六年》："白公奔山而缢，其徒微之。"杜预注："微，匿也。"

㉖韬情：隐匿真情。

㉗权在谲(jué)略：灵活性在于狡黠有谋略。权，变通，灵活。

㉘揆(kuí)：揣测，估量。《诗·鄘风·定之方中》："揆之以日，作于楚室。"毛亨传："揆，度也。"

㉙守局：墨守成规。

㉚晋楚带剑递相诡反：晋人和楚人互相指责把剑佩带反了。诡，违背，相反。《管子·四时》："刑德合于时则生福，诡则生祸。"

【译文】

　　所以竞争进取的人是过头了，在极度振奋与进取的途中。而拘谨不争的人则是达不到。止步不前无所作为，置身于进取之外。拘谨和进取的人都违背了中庸之道，所以他们都有明显的长处，也有情理之中的过失。过于注重自我保养，结果在外被老虎吃掉；对外小心谨慎礼仪备至，却于内染病而死。所以说，严厉耿直刚正不阿的人，他的才干在于纠正偏错，失误在于激烈地攻击别人的短处。激烈地攻击别人是由于刚厉。柔顺安稳宽以待人的人，只贪求宽宏大量容忍谦让，失误在于缺少决断。多疑少决是由于宽恕懦弱。雄健有力强悍杰出的人，他的才能在于勇敢刚烈，失误在于多所猜忌。轻视法律是由于凶暴强悍。精明强干小心谨慎的人，长处在于谦恭有礼，失误在于多所疑虑。疑难多虑是由于畏首畏尾。刚直坚强的人，作用在于骨干支撑，失误在于专擅固执。固执自专是由于坚强刚劲。能言善辩长于分析的人，他的能力在于善于释疑解难，失误在于飘荡散漫。飘荡散漫是由于机敏善辩。交际广博能与各种人相处的人，他的宽宏在于广泛容纳众人，失误在于好坏不分。好坏不分是由于认为众人普遍完备。清正耿直廉洁自持的人，他的节操在于节俭不奢，失误在于拘谨自闭。拘谨自闭是由于追求洁身自好。行为善美光明磊落的人，他的建立功业在于向上攀登，失误在于疏忽遗漏。疏忽遗漏是由于其光明磊落。深沉不语内有心计的人，他的精明在于微妙玄远，失误在于迟疑缓慢。迟疑缓慢是由于性格沉静。质朴率直全部显露的人，他的秉性在于忠诚不渝，失误在于不善于隐蔽自己。暴露自己的短处是由于完全显示自己的一切。足智多谋隐匿真情的人，灵活性在于狡黠有谋略，失误在于左右依违犹豫不决。左右依违是由于隐匿真情。等到他们自认为德才大大增进，揣测中庸之道来避免自己才干的偏向极端，亢奋者因此奋进，自闭者因此守成。指责别人的短处来增加他的失误，拘谨者更加拘谨，亢奋者更加亢奋，有的抱着石头自沉江底，有的抱着树木被山火烧焦。就好像晋人和楚人由于佩带宝剑的习惯不同，而互相指责对方把剑佩带反了一样。站在晋人的角度看楚人则笑他们把剑佩带在左边，站在楚人的角度则笑晋人把剑佩戴在右边。左右虽然不同，但各有其用。而不知道这个道理的人，对此横加指责。拘谨和亢奋的关系，与此没有什么不同。

是故强毅之人，狠刚不和。不戒其强之搪突①，而以顺为挠②，厉其抗③。以柔顺为挠弱，抗其搪突之心。是故可以立法④，难与入微⑤。狠强刚戾，何机微之能入。柔顺之人，缓心宽断。不戒其事之不摄⑥，而以抗为刿⑦，安其舒⑧。以猛抗为刿伤⑨，安其恕忍之心。是故可与循常，难与权疑⑩。缓心寡断，何疑事之能权。雄悍之人，气奋勇决。不戒其勇之毁跌，而以顺为恇⑪，竭其势⑫。以顺忍为恇怯，而竭其毁跌之势。是故可与涉难⑬，难与居约⑭。奋悍毁跌，何约之能居。惧慎之人，畏患多忌，不戒其懦于为义⑮，而以勇为狎⑯，增其疑。以勇鸷为轻侮，而增其疑畏之心。是故可与保全，难与立节。畏患多忌，何节义之能立。凌楷之人⑰，秉意劲特⑱。不戒其情之固护⑲，而以辨为伪⑳，强其专。以辨博为浮虚，而强其专一之心。是故可以持正，难与附众。执意坚持，何人众之能附。辨博之人，论理赡给㉑。不戒其辞之泛滥，而以楷为系㉒，遂其流㉓。以楷正为系碍，而遂其流宕之心。是故可与泛序㉔，难与立约。辨博泛滥，何质约之能立。弘普之人，意爱周洽㉕。不戒其交之溷杂，而以介为狷㉖，广其浊。以拘介为狷戾，而广其溷杂之心。是故可与抚众，难与厉俗。周洽溷杂，何风俗之能厉。狷介之人，砭甫廉反㉗清激浊㉘。不戒其道之隘狭，而以普为秽㉙，益其拘。以弘普为秽杂，而益其拘局之心。是故可与守节，难以变通。道狭津隘㉚，何通途之能涉。休动之人，志慕超越。不戒其意之大猥㉛，而以静为滞㉜，果其锐㉝。以沉静为滞屈，而增果锐之心。是故可以进趋，难与持后。志在超越，何谦后之能持。沉静之人，道思回复㉞。不戒其静之迟后，而以动为疏㉟，美其懦㊱。以躁动为粗疏，而美其懦弱之心。是故可与深虑，难与捷速。思虑回复，何机速之能及。朴露之人，中疑实碻㊲。不戒其实之野直，而以谲为诞[38]，露其诚。以权谲为浮诞，而露其诚信之心。是故可与立信，难与消息[39]。实硌野直，何轻重之能量。韬谲之人，原度取容[40]。不戒其术之离正，而以尽为愚[41]，贵其虚。以款尽为愚直，而贵其浮虚之心。是故可与赞善，难与矫违。韬谲离正[42]，何违邪之能矫。

【注释】

①戒：戒备，防备。搪突：即唐突，冒犯。

②挠：屈，屈服。《战国策·魏策四》："秦王色挠，长跪而谢之。"

③厉其抗：使其竞争进取之心更加强烈。厉，猛烈，激烈。《左传·定公十二年》："与其素厉，宁为无勇。"杜预注："厉，猛也。"

④以立法：用他们执行法律建立法律的权威。以，任用，使用。《尚书·立政》："继自今立政，其勿以俭人。"孔颖达疏："王当继续从今已往立其善政，其勿用利之人。"

⑤微：细微，即刘昺在下文所说"机微"，机微即细微。

⑥摄：巩固，持久。《国语·楚语上》："悛而不摄，则身勤之……摄而不彻，则明施舍以导之忠。"韦昭注："摄，固也。"

⑦刿：通"昧"，暗昧，愚昧。《韩非子·难言》："总微说约，径省而不饰，则见以为刿而不辩。"于省吾新证："刿应读作昧……昧谓暗昧。"

⑧安其舒：安心于宽舒安稳的处事方法。

⑨刿伤：刺伤，刺伤。《礼记·聘义》："廉而不刿，义也。"孔颖达疏："廉，棱也；刿，伤也。言玉体虽有廉棱，而不伤割于物；人有义者，亦能断割而不伤物，故云'义也'。"

⑩权疑：决断疑难问题。

⑪恇(kuāng)：畏惧，恐惧。《说文·心部》："恇，怯也。"

⑫竭其势:把可能带来挫折失败的逞强奋勇的气势发挥到极致,即下文刘昺所说"竭其毁跌之势"。竭,尽,此指到极致。

⑬与涉难:给予经历艰难(的工作)。与,给予。

⑭居约:服从约束,接受限制。

⑮为:动词,做。

⑯狎:轻视怠慢。《左传·昭公二十年》:"水懦弱,民狎而玩之,则多死焉。"杜预注:"狎,轻也。"

⑰凌楷:严峻正直。

⑱秉意劲特:坚持自己意志的个性非常突出强烈。

⑲情之固护:情志专一不移。固护,志坚专一。《文选》卷十八《赋壬·马融〈长笛赋〉》:"聊虑固护,专美擅工。"李善注:"聊虑固护,精心专一之貌。"

⑳辨:同"变"。《荀子·臣道》:"故因其惧也而改其过,因其忧也而辨其故。"王念孙《读书杂志·荀子五》:"'辨'读为'变','变其故',谓去故而就新也。"

㉑赡给:富足,丰富。

㉒以楷为系:把规矩视为束缚。楷,法式,典范。

㉓遂其流:顺从放任散漫飘荡的心。遂,顺从。《国语·周语下》:"如是,而铸之金,磨之石,系之丝木,越之匏竹,节之鼓而行之,以遂八风。"韦昭注:"遂,顺也。"

㉔泛序:泛泛地议论。

㉕意爱周洽:普遍地施与仁爱之意。周洽,普遍。《后汉书·冯衍传上》:"树恩布德,易以周洽,其犹顺惊风而飞鸿毛也。"

㉖以介为狷:即刘昺下文所说"以拘介为狷戾"。拘介,守正耿介。狷戾,偏急暴戾。

㉗甫廉反:"砭"字的古注音方法。

㉘砭清激浊:针砭抨击世事的清浊。

㉙以普为秽：即刘昞下文所说“以弘普为秽杂。”弘普，普遍存在的事物。

㉚津：渡口。

㉛大猥(wěi)：太强烈。大，“太”的古字。猥，猛烈，强烈。

㉜以静为滞：以沉静为滞屈。

㉝果其锐：即刘昞下文所说“而增果锐之心”。果锐，锐意进取，急于求成。

㉞道思回复：反反复复思考其中的道理。

㉟以动为疏：以活动为粗疏。

㊱美：以……为美。

㊲中疑实硌(xiàn)：把心中的疑惑表现出来。

㊳以谲为诞：把狡猾视为荒诞。

㊴消息：变化。《后汉书·孔融传》：“上失其道，民散久矣，而欲绳之以古刑，投之以残弃，非所谓与时消息者也。”

㊵原度取容：推测揣度别人的心思讨好对方。原，推测，研究。《荀子·儒效》：“俄而原仁义，分是非，图回天下于掌上而辩白黑，岂不愚而知矣哉！”

㊶尽：诚恳尽力。下文刘昞在解释“以尽为愚”时说：“以款尽为愚直”，可见尽为款尽之意。

㊷韬谲：心怀诡诈。

【译文】

因此严厉耿直刚正不阿的人，刚狠严厉。他不是力求戒除刚强中冒犯唐突的缺点，而是把柔顺当做软弱屈服，从而使其竞争进取之心更加强烈。视柔顺为软弱，竭尽其冒犯之心。所以这种人可以用他执法而建立法律的权威，很难用他从事细致入微的工作。狠强刚戾，怎能够细致入微？柔顺安慰宽以待人的人，心性平缓，处事宽松。他不是力求戒除缺乏稳固持久的缺点，而是把亢奋进取看做是昏暗愚昧，安心于宽舒安稳的处事方法。把亢奋进取视为刺杀伤害，安心于宽恕隐忍。所以这种人可以让他遵循常规办事，很难让他决断疑难问题。缓心寡断，怎能决断疑难之事？雄健有力强悍杰出的人，意气风发勇猛果敢。他不是力求戒除奋勇会带来挫折和失败的缺点，而是把顺应时势看成是胆小怯懦，从而把可能带来挫折失败的逞强奋勇的气势发挥到极致。把顺应时势视为胆小怯懦，把逞强奋勇以至挫败的事做到底。所以这种人可以让他经历艰难，很难让他服从约束接受限制。逞强至败，有什么限制可以约束？胆小谨慎的人，恐惧忧虑多所忌讳，他不是力求戒除害怕行义的缺点，而是把勇敢看做是对人的轻视怠慢，从而进一步增加疑虑恐惧心理。把勇敢视为轻慢，从而增加疑虑恐惧之心。所以这种人可以全身自保，很难要求他建立名节。恐惧忧虑多所忌讳，怎么能够建节立义？严峻刚直的人，坚持自己意志的个性非常突出强烈。他不是力求戒除情志专固不会改变的缺点，而是把变化视为虚伪，从而强化固执不变的性格。把变化视为虚伪，从而固执个性得到强化。所以这种人可以持守正派，很难团结众人。执意坚持，怎么能够团结众人？能言善辩知识广博的人，理论充足。他不是力求戒除言论无所顾忌的缺点，而是把规矩视为束缚，顺从放任散漫飘荡的心志。把规矩视为束缚，从而放任散漫心志。所以这种人可以让他泛泛地议论，很难让他对自己有所约束。能言善辩放任自流，有什么能约束他呢？交际广博能与各种人相处的人，普遍地对人施与仁爱之意。他不是力求戒除结交混杂的缺点，而是把守正耿介视为偏激暴戾，从而扩大自己清浊不辨的毛病。视守正耿介为偏激暴戾，从而扩张了清浊不辨的毛病。所以这种人可以让他安抚众人，很难让他激励世俗。普遍混杂清浊，怎么能够激风励俗呢？清正耿直廉洁自持的人，针砭抨击世事的清浊。他不是力求戒除处世方法狭隘的缺点，而是把普遍视为污秽，从而更加拘泥和保守。把污秽视为普遍现象，从而更加洁身自保。所以这种人可以让他坚守节操，很难让他进行变通。道路狭窄渡口隘小，怎么能够踏上通途呢？行为善美光明磊落的人，钦慕高超远大的志向。他不是力求戒除自我意志太强烈的缺点，而是把安稳沉静视为呆板迟滞，从而更加锐意进取急于求成。视安静沉稳为呆板迟钝，从而更加急于求成锐意进取。所以这种人可以让他开拓前行，很难让他置身众人之后。志在超越，怎能居后而不争呢？深沉平静的人，做事反反复复考虑其中的道理。不是力求戒除由于平静带来的迟缓滞后的缺点，而是把积极的活动视为粗疏，以怯懦为美德。视积极活动为粗疏，从而美化懦弱之心。所以这种人可以让他深思熟虑，很难让他做到快速敏捷。再三思虑，怎能做到快速敏捷？质朴率直全部显露的人，把心中的疑惑都表现出来。他不是力求戒除由于实在带来的坦直无拘束的缺点，而是把权谋视为荒诞，更加袒露自己的真诚。视权谋为荒诞，从而袒露真诚。所以这种人可以和他讲信义，但很难让他随情况的变化而变化。心里藏不住话，怎能与之衡量事物的轻重？足智多谋隐匿真情的人，推测揣度别人的心思讨好对方。他不是力求戒除处事脱离正道的毛病，而是把诚恳尽力视为愚昧不化，更加看重虚伪不实。把竭诚视为愚昧，从而看重虚伪不实。这种人可以让他赞美颂扬善美，很难让他纠正违规杜绝邪恶。心怀诡诈偏离正道，怎能够矫正违规与邪恶呢？

夫学，所以成材也。强毅静其抗，柔顺厉其懦。恕①，所以推情也②。推己之情，通物之性。偏材之性不可移转矣③。固守性分，闻义不徙。虽教之以学，材成而随之以失。刚毅之性已成，激讦之心弥笃。虽训之以恕，推情各从其心④。意之所非，不肯是之于人⑤。信者逆信⑥。推己之信，谓人皆信，而诈者得容为伪也。诈者逆诈⑦，推己之诈，谓人皆诈，则信者或受其疑也。故学不入道⑧，恕不周物⑨；偏材之人各是己能，何道之能入，何物能周也？此偏材之益失也⑩。材不能兼教之愈失，是以宰物者用人之仁去其贪，用人之智去其诈，然后群材毕集，而道周万物也矣。

【注释】

①恕：推己及人。《论语·卫灵公》："子贡问曰：'有一言而可以终身行之者乎？'子曰：'其恕乎！己所不欲，勿施于人。'"

②推情：以自己的心理情感推想别人的心理情感。

③偏材之性不可移转：偏材片面僵化地固守恕的训导，即使听到符合道义的道理也不改变。

④推情各从其心：以固定的心态来推想不同的人。

⑤意之所非，不肯是之于人：自己意识里认为该否定的，就不肯承认别人正确的地方。

⑥信者逆信：即刘昞在下文所说"推己之信，谓人皆信，而诈者得容为伪也。"逆，接受，肯定。

⑦诈者逆诈：自己诈伪，推而广之认为别人都欺诈。

⑧道：规律，方法，途径。

⑨周物：符合客观事物的实际。此指符合所推想之人的心理。

⑩益：增加，增大。

【译文】

学习，是使人能够成材的途径。刚强坚毅者能使其亢奋安静下来；温柔和顺者能得到鼓励改变其软弱。恕，是用自己的心推想别人心理的方法。用自己的心情感悟别人的心情。而偏材的心性，片面僵化地固守恕的训导不能灵活转变。固守本性，闻义也不改变。即使教导他学习，他也会因学有所成而在实践中有所失误。刚毅本性已经养成，激烈率直之心更强。即使训导他对人以恕，他也会用固定的心态来推想不同的人。自己心里认为不对，不肯承认别人正确的地方。如果他自己讲信，会认为所有的人都是诚信的。自己讲信用，推而广之认为别人都讲信用，从而使欺诈得以行其道。如果他自己讲诈，会认为所有的人都是诈伪的。自己主张欺诈，推而广之认为别人都欺诈，从而使守信者受到疑惑。所以学习没有掌握真正的规律，讲恕不能符合所推想的人的真正心理，偏材之人各自肯定自己的长处，什么道理能让他们听进去，什么东西能让他们变得全面呢？**这就更加增大了偏材之人的失误**。对人才不能求全，越求全越会失去人才，所以用人者用其仁去其贪，用其智去其诈，然后才能够群材毕至，好的措施惠及万物。

流业第三三材为源，习者为流，流渐失源，其业各异。

【题解】

流业之"流"有两个意思。一个是源流之流，即德、法、术为各种才能的源头，在学习德、法、术时由于所学者偏好不同，因而形成各种各样的人才，这就是流。另一个是品类的意思。刘昺在解释流业时说："流渐失源，其业各异"，这就是说，人才形成之流离开其源头越来越远的时候，就形成了各种不同的人才类型，概括起来有十二种：清节家、法家、术家、国体、器能、臧否、伎俩、智意、文章、儒学、口辩、雄杰。十二种类型又分别处于不同的品类，兼有德、法、术三种才干且比较完备的人才品第最高，兼具三才但程度稍差者次之，三才中只具备一二项者又次之。君主的任务，就是要根据他们的不同才能，把他们放到不同的位置去发挥他们的作用。

刘昺注译文：德、法、术三才为源，学习实践者为流，流远失其源头，所建功业也不同。

盖人流之业十有二焉①：性既不同，染习又异，枝流条别，各有志业。有清节家②，行为物范③。有法家④，立宪垂制。有术家⑤，智虑无方⑥。有国体⑦，三材纯备。有器能⑧，三材而微。有臧否⑨，分别是非。有伎俩⑩，错意工巧⑪。有智意⑫，能决众疑。

有文章⑬，属辞比事⑭。有儒学⑮，道艺深明。有口辨⑯，应对给捷⑰。有雄杰⑱，胆略过人。

【注释】

①业：志业，由志向所决定的事业或功业。

②清节家：品德节操行为堪为世人楷模之人。

③范：榜样。扬雄《法言·学行》："师者，人之模范也。模不模，范不范，为不少矣。"

④法家：战国时期的一个重要学派。经济上主张重农抑商，奖励耕战；政治上主张君主专制，运用术势，严刑峻法；思想上主张禁断百家，以法为教，以吏为师。主要代表人物有李悝、慎到、商鞅、申不害、韩非等人。

⑤术家：善于运用奇谋妙策之人。

⑥智虑无方：智谋思虑无人可比。方，等同。《周礼·考工记·梓人》："梓人为侯，广与崇方。"郑玄注："崇，高也；方，犹等也。"

⑦国体：兼备清节家、法家、术家三者素质才能的国家栋梁人才。

⑧器能：在德、法、术三方面略次于国体的人才。

⑨臧否：褒贬，评论。此指具备清节家的品德，但心胸不宽，喜欢褒贬人物、评论是非的人。

⑩伎俩：指虽然不能为国家制定长远的政策和策略，但有执行政策和策略技巧的人。

⑪错意：即措意，在意。

⑫智意：指善于权变、深谙谋略、机智灵活的人。

⑬文章：指文笔灿烂、能写文章的人。

⑭属辞比事：连缀文辞，排比史事。

⑮儒学：传授儒家学说的人。

⑯口辨：能言善辩之人。

⑰给捷：敏捷。《后汉书·文苑传》："炎有文才，解音律，言论给捷，多服其能理。"李贤注："给，敏也。"

⑱雄杰：有胆有勇谋略过人之人。

【译文】

人们由志向所决定的事业或功业有十二种：本性及所受影响各不相同，各有各的志向和事业。有清节家，以行为树立模范。有法家，制定法律制度。有术家，智谋思虑无人可比。有国体，德、法、术三者具备。有器能，三才不足。有臧否，评判是非。有伎俩，留心技艺。有智意，能断决众多疑难。有文章，连缀文辞，排比史事。有儒学，道德高深才艺高超。有口辨，应对敏捷。有雄杰，胆略过人。

　　若夫德行高妙①，容止可法②，是谓清节之家，延陵、晏婴是也③。建法立制，强国富人，是谓法家，管仲、商鞅是也④。思通道化⑤，策谋奇妙，是谓术家，范蠡、张良是也⑥。兼有三材，三材皆备，德与法术皆纯备也。其德足以厉风俗⑦，其法足以正天下，其术足以谋庙胜⑧，是谓国体，伊尹、吕望是也⑨。兼有三材，三材皆微，不纯备也。其德足以率一国⑩，其法足以正乡邑⑪，其术足以权事宜，是谓器能，子产、西门豹是也⑫。兼有三材之别，各有一流，三材为源，则习者为流也。清节之流，不能弘恕⑬，以清为理，何能宽恕？好尚讥诃⑭，分别是非，己不宽恕，则是非生。是谓臧否，子夏之徒是也⑮。法家之流，不能创思远图，法制于近，思不及远。而能受一官之任，错意施巧⑯，务在功成，故巧意生。是谓伎俩，张敞、赵广汉是也⑰。术家之流，不能创制垂则⑱，以术求功，故不垂则。而能遭变用权，权智有余，公正不足，长于权者⑲，必短于正⑳。是谓智意,陈平、韩安国是也㉑。凡此八业,皆以三材为本。非德无以正法,非法无以兴术,是以八业之建,常以三材为本。故虽波流分别,皆为轻事之材也㉒。耳目殊官㉓,其用同功,群材虽异,成务一致。能属文著述㉔,是谓文章,司马迁、班固是也㉕。能传圣人之业,而不能干事施政㉖,是谓儒学,毛公、贯公是也㉗。辩不入道而应对资给㉘,是谓口辩,乐毅、曹丘生是也㉙。胆力绝众㉚,才略过人,是谓骁雄,白起、韩信是也㉛。凡此十二材,皆人臣之任也,各抗其材㉜,不能兼备,保守一官,故为人臣之任也。主德不预焉㉝。

【注释】

①若夫:至于。用于句首或段落的开始,表示另提一事。

②容止:仪容举止。法:效法。

③延陵:即春秋时吴国人季札,吴王寿梦少子,亦称公子札,因被封于延陵,又称延陵季子。因其有贤德,其兄诸樊、余祭、夷昧都曾让君位给他,但季札均不接受。曾出使鲁国,在观赏周朝诗歌和乐舞时,借分析诗歌乐舞评论诸侯盛衰,很有影响。晏婴:春秋时夷维(今山东高密)人,字平仲,齐国大夫,历齐灵公、庄公、景公三朝。厉行节俭,善于劝谏,谈锋机智,主张诛不避贵,赏不遗贱,重视发展农业生产。多次出使楚、晋、鲁等国,在当时各诸侯国中颇有影响。在《左传》、《史记·管晏列传》、《晏子春秋》中对其事迹多有记载。

④管仲:春秋初颍上(今安徽颍水畔)人,名夷吾,一称敬仲。初与鲍叔牙经商,齐襄公时与公子纠投奔鲁国,后经鲍叔牙推荐,被齐桓公任为卿相,在齐国进行政治经济改革,主张按土地肥瘠征赋,开发鱼盐之利,铸货币平物价,重视选拔人才。在他的辅佐

下,齐国国力大增,成为春秋时的霸主。商鞅:战国时卫国人,公孙氏,名鞅,亦称卫鞅、公孙鞅、商君鞅、商君。喜好刑名之学,初为魏相公孙痤家臣,公孙痤死后入秦,以强国之术游说秦孝公,深被信任,任左庶长,先后实行两次变法,使秦国成为战国时最强大的国家。后迁任大良造,率军攻魏,俘获魏公子卬。以功封于商(今陕西商州东南),号商君。孝公死后,遭到反对派的诬害,举兵反抗,兵败被杀,其尸被车裂。

⑤思通道化:思想与客观规律的变化相通。道化,指自然和社会规律的发展变化。

⑥范蠡:春秋末楚国宛(今河南南阳)人,字少伯。与宛令文种为友,后一起进入越国,为越王勾践谋臣。越国被吴国打败后,随越王勾践入吴为质,三年后随勾践返越,帮助越王奋发图强,待机复仇。越国强大后,灭掉吴国,范蠡却离开越国到了齐国,称鸱夷子皮。后到陶(今山东定陶西北)改称陶朱公,通过经商成为巨富。其政治主张和经济思想在《国语》、《吕氏春秋》、《史记》等史籍中有记载。张良:秦朝末年人。字子房,出身韩国贵族,祖父与父亲相继为韩国卿相。秦灭韩后,图谋复国,倾家财寻求刺客,对秦始皇进行刺杀未遂,因而逃亡,在下邳隐名避祸,随从圯上老人学《太公兵法》。秦末参加陈胜吴广起义,后归附刘邦,成为其手下重要谋士。刘邦进入关中后,曾劝其不要贪恋官室,又在项羽的鸿门宴中为刘邦解危。楚汉战争中,主张争取英布、彭越、韩信,连兵破楚,反对郦食其分封六国之后的主张。刘邦建国后,被封为留侯,在劝刘邦定都关中、册立太子等问题上均起了重要作用。

⑦厉风俗:勉励好的社会风气习俗。厉,劝勉。《左传·哀公十一年》:"宗子阳与闾丘明相厉也。"杜预注:"相劝厉致死。"

⑧谋庙胜:谋划朝廷预先制定的克敌制胜的谋略。《尉缭子·战

威》:"刑如未加,兵未接,而所以夺敌者五:一曰庙胜之论。"

⑨伊尹:商初重要谋臣,名尹,一说名挚,尹是官名。初在有莘国为奴,成汤娶有莘氏女,伊尹作为陪嫁入商。成汤发现其才,提拔重用,后委之以国政。先后帮助成汤灭掉葛、昆吾等小国,后打败殷纣王,建立商朝。吕望:又称太公望、吕尚、师尚父,俗称姜太公、姜子牙。西周开国大臣,姜姓,名尚,字子牙。周文王遇之于渭水之阳,以之为师。文王死后,继续辅佐武王,在灭商建周中功绩卓著。西周建立后被封于营丘,为齐国的开国之君。

⑩率一国:为一国的表率。

⑪正乡邑:纠正基层社会中的不良风气习俗。乡邑,上古时指乡里,秦汉以后多指县以下的小镇。此泛指基层社会。

⑫子产:春秋时郑国人,名侨,字子产,又字子美。郑穆公之孙,公子发之子,因此又称公孙侨,也称国侨。因其居于东里,也称东里子产。任郑国卿、少正等职,执掌国政期间,锐意改革,作丘赋,铸刑书,举贤用能,保护乡校,把郑国治理得井井有条,死后被孔子称为"古之遗爱"。西门豹:战国时魏国大臣,姓西门,名豹。魏文侯时任邺县县令,到任后废除当地为河伯娶妇的陋习,移风易俗。主张藏粮于民,寓兵于农,示民以信。在任期间,开凿十二渠,引漳河灌溉农田。为官清廉,不取个人秋毫之私利。

⑬弘恕:宽容,宽大。

⑭讥诃:讥笑,责备,非难。亦作"讥呵"。《后汉书·宦者列传·吕强传》:"(蔡)邕不敢怀道迷国,而切言极对,毁剌贵臣,讥呵竖宦。"

⑮子夏:春秋末晋国温(今河南温县西南)人,姓卜,名商,字子夏,孔子弟子,列于孔门文学之科。主张"仕而优则学,学而优则仕"、"博学而笃志,切问而近思"。要求国君研读《春秋》,以史为训。提出尊贤轻色,事亲竭力,事君尽忠,交友守信。因主张大

德不可越轨,小德可有出入,被孔子批评为守礼不严。孔子死后到魏国西河讲学,魏文侯师事之。李悝、吴起、商鞅都是他的学生。

⑯错意施巧:着意施展实现自己意图的技巧。措意,在意,着意。错,同"措"。巧,指实现自己意图的技巧。

⑰张敞:西汉河东平阳(今山西临汾西南)人,字子高。汉昭帝时任太仆丞,因切谏昌邑王而出名。历任豫州刺史、太中大夫、平尚书事、山阳太守、胶东相、守京兆尹、冀州刺史、守太原太守等职。整顿京师治安颇有成效。赵广汉:西汉涿郡蠡吾(今河北博野西南)人,字子都。历任州从事、平准令、阳翟令、京辅都尉、守京兆尹、颍川太守等职。在颍川太守任上,惩治郡中豪强,郡中震栗。在京兆尹任上精于吏职,为汉兴以来治理京兆最有成绩者。霍光死后,摧辱霍氏及贵戚大臣,无所回避。后因上书告发丞相魏相,被司直萧望之弹劾,死于腰斩之刑。

⑱垂则:垂示法则。《汉书·外戚传下·孝成许皇后》:"垂则列妾,使有法焉。"颜师古注:"言垂法于后宫,使皆遵行也。"

⑲权:权变。

⑳正:常道。

㉑陈平:秦末阳武(今河南原阳东南)人。出身贫寒,喜黄老之术。秦末天下大乱,先后事魏王咎、项羽,随项羽入关破秦。后归顺刘邦,为刘邦重要谋士。屡向刘邦进献奇策,如离间项羽君臣、解平城之围、计擒韩信等等。历任都尉、亚将、护军中尉等,先后被封为户牖侯和曲逆侯。惠帝时又历任郎中令、左、右丞相。诸吕专权时,以不理政事纵情酒色伪装自己。吕后死,与太尉周勃合谋诛灭诸吕,迎立文帝。韩安国:西汉梁国睢阳(今河南商丘南)人,字长孺。初在梁王手下任中大夫,平定吴楚七国乱有功,任梁内史。汉武帝时任北地都尉、大司农、御史大夫、护军将军

等职。性贪财嗜利，但不嫉贤妒能，举荐人才，因此被士人所称。丞相田蚡死后，一度以御史大夫行丞相事，后因病免职。后历任中尉将军、卫尉将军、材官将军等职，因将屯失亡多，被武帝所责，忧郁而死。

㉒轻事：轻而易举地完成职责分内的事情。

㉓官：器官。

㉔属文：撰写文章。《文选·陆机〈文赋〉》："每自属文，尤见其情。"李善注："属，缀也。"缀即组织文字以成篇章之意。

㉕司马迁：西汉左冯翊夏阳(今陕西韩城南)人，字子长。少年随父读书，又从董仲舒、孔安国学《春秋》《尚书》。十二岁出游，足迹遍于湖北、湖南、江西、浙江、江苏、山东、河南等地。后任郎中，随汉武帝巡游到过陕西、山西、甘肃、内蒙等地，又奉命出使四川、云南等地，积累了丰厚的阅历。父亲死后，继承父亲遗志，继续著史。汉武帝元封三年任太史令，阅读皇室藏书，搜集史料。天汉三年，因替投降匈奴的李陵辩解，被下狱中，遭受腐刑。出狱后忍辱发奋，继续撰述，写成我国第一部纪传体的通史《史记》。班固：东汉扶风安陵(今陕西咸阳东北)人，字孟坚，班彪之子。十六岁入洛阳太学，二十三岁父死，归乡里，潜心撰述史书。后被人诬告私改国史，入狱。其弟班超辨明其冤，乃被释出狱，任兰台令史，撰述东汉开国以来的史事。先与陈宗等人共同撰成《世祖本纪》，迁为典校秘书后，又自撰功臣、平林、新市、公孙树等列传、载记二十八篇。后受明帝之命，撰成起自高祖刘邦终于王莽的《汉书》。章帝时官迁玄武司马，撰成《白虎通义》。和帝时随窦宪出击匈奴，窦宪失事自杀，班固受牵连入狱而死。

㉖干事：参与军政国事。

㉗毛公：相传为西汉鲁(治今山东曲阜)人，一说为赵(今河北邯郸西南)人，名亨，河间献王博士，时人称为大毛公，以别于传承其

学的小毛公毛苌。作《毛诗故训传》三十卷,开创一派《诗经》古文学。贯公:即贯长卿。西汉学者,赵人,古文学派毛诗派的传人,《汉书·儒林传》中有载。

㉘资给:天资聪敏,伶俐善辩。

㉙乐毅:战国时灵寿(今河北灵寿西北)人,魏将乐羊的后代。燕昭王时入燕,任亚卿。以上将军之任率燕、赵、魏、韩、秦五国军队伐齐,大败齐军。又率燕军独进,攻破齐国城邑七十多座,一直打到齐国首都临淄,因功被封为昌国君。燕昭王死后,继位的燕惠王中田单的反间计,罢黜乐毅,乐毅遂出奔赵国,受封于观津,号望诸君。后燕惠王有悔意,派人召之,乐毅不肯应召,在赵国老终。曹丘生:秦末辩士,楚人,依附贵人,利用贵人权势向人请托金钱。与贵人赵同、窦长君关系好。曹丘生想结识将军季布,请窦长君给季布写信介绍自己。窦长君说:"季将军不喜欢你,你不要去见他。"曹丘生坚持要见,窦长君只好写信先给季布送去。季布见信果然大怒,等待曹丘生的到来。曹丘生到后,对季布说:"我是楚人,您也是楚人。楚地有一句谚语'得黄金百,不如季布一个许诺'。您为什么在楚地会有这样的名声呢?是因我的游走宣扬的结果,难道您不念及这些吗?怎么对我这样深加拒绝呢?"季布听后,非常高兴,便把他留下,奉为上宾。

㉚绝:超过。南朝宋鲍照《代朗月行》:"鬓夺卫女迅,体绝飞燕先。"

㉛白起:战国时郿(今陕西眉县东)人,一称公孙起,著名军事家。秦昭王时任左庶长、左更、大良造。率军打破韩魏联军于伊阙,进攻魏国攻陷六十一城,进攻楚国东进至竟陵,南进至洞庭湖一带,以功封武安君。秦昭王四十七年,在长平大败赵军,坑杀赵军降卒四十余万。后与相国范雎有矛盾,被免为士伍,在阴密被迫自杀。韩信:秦汉著名军事家。淮阴(今江苏淮阴南)人,早年家贫,秦末参加项梁、项羽的反秦武装,因不被重用,后离开项羽

投奔刘邦。开始不被刘邦重用，由于萧何保举，拜大将军。楚汉战争中先后定魏，击代、赵，降燕，破齐，垓下决战，打败项羽，战功卓著。先被封为齐王，后被徙为楚王，又因为被人诬告谋反，贬为淮阴侯。陈豨反叛后，韩信与之暗通消息，其舍人又告发他准备发兵袭击吕后及太子，被吕后与萧何设计杀害。

㉜抗：举，突出。

㉝主德：指善于使用各种人才的君主。

【译文】

至于德行高尚美好，仪容举止可以被众人效法的，这种人可称之为清节家，吴国延陵季子、齐国晏婴就是这样的人物。建立法律和制度，使国家强大人民富裕，这种人可称为法家，齐国管仲、秦国商鞅就是这样的人物。思想与客观规律的变化相通，所谋划计策奇诡绝妙，这种人可以称为术家，越国范蠡、汉朝张良就是这样的人物。兼有德、法、术三种才干，三种才能都比较完备的，德、法、术三才皆备。其品德足以勉励好的社会风气和习俗的建立，其法律足以匡正天下歪风邪气，其谋术足可以谋划朝廷预先制定的克敌制胜的谋略，这种人可称之为国体，殷商的伊尹、西周的吕望就是这样的人物。兼有德、法、术三种才干，而三种才干却都稍差前者，不充足。其品德足以为一国的表率，其法律足以匡正基层社会，其谋术足以应变各种事物，这种人可称之为器能，郑国的子产、魏国的西门豹就是这样的人物。兼有三种才干的某两项，并且各自有自己的流派，三材为源，习染为流。在清节家流派中，不能宽宏大量，追求至纯，怎能宽恕？喜欢对人讥笑责备非难，分辨谁是谁非，既然不能宽恕，则会生出是非。这种人可以称作臧否，子夏之流就是这样的人。在法家流派中，不能创新思虑建立长远规划，为眼前情况制法，思虑不能长远。但能在具体官位上胜任，着意施展实现自己意图的技巧，追求务必成功，所以生出施展技巧之意。这种人可称之为伎俩，汉朝张敞、赵广汉就是这样的人物。术家的流派中，不能创建制度垂示法则，以术求得成功，所以不能垂制法则。但能在情况变化的时候想出具体的应变策略，权变智谋有余，公平端正不足，善于权变，必定不善于常道。这种人可称之为智意，汉朝陈平、韩安国就是这样的人物。凡此八类人才，都是以德、法、术三种才能作为根本。无德不能正法，无法不能兴术，所以建立功业，常以德法术三材为本。所以虽然这些人的流派不同，但都是能够轻而易举地完成职责分内的事情的人才。眼耳为不同器官，但其功能都对人体有用，各种人才虽不同，能办成事是共同的用处。能撰写文章著书立说，这种人可称之为文章，汉朝司马迁、班固就是这样的人物。能传承圣人的事业，而不能参与国事实施政事，这种人可以称作儒学，汉朝毛公、贯公就是这样的人物。辩论的方法和语言不合正道但却语言丰富应对自如，这种人可以称之为口辩，燕国乐毅、汉代曹丘生就是这样的人物。胆量勇力超过众人，才能谋略高于众人，这种人可以称之为骁雄，白起、韩信就是这样的人物。上述十二种人才，都是在臣子的位置上，各有一种才干突出，不能兼而有之，只能做一个方面的官员，所以承担臣子之任。善于使用各种人才的君主不包括在其内。

　　主德者，聪明平淡，总达众材①，而不以事自任者也。目不求视，耳不参听，各司其官，则众材达。众材既达，则人主垂拱无为而理。是故主道立，则十二材各得其任也。上无为则下当任也。清节之德，师氏之任也②。掌以道德教道胄子③。法家之材，司寇之任也④。掌以刑法禁止奸暴。术家之材，三孤之任也⑤。掌以庙谟佐公论政⑥。三材纯备，三公之任也⑦。位于三槐坐而论道⑧。三材而微，冢宰之任也⑨。天官之卿总御百官⑩。臧否之材，师氏之佐也⑪。分别是非以佐师氏。智意之材，冢宰之佐也。师事制宜以佐天官。伎俩之材，司空之任也⑫。错意施巧故掌冬官⑬。儒学之材，安民之任也。掌以德艺保安其人。**文章之材，国史之任也**⑭。宪章纪述垂之后代。**辩给之材，行人之任也**⑮。掌之应答送迎道路。**骁雄之材，将帅之任也**。掌辖师旅讨平不顺。**是谓主道得而臣道序，官不易方**⑯，**而太平用成**⑰。太平之所以成，由官人之不易方。若使足操物，手求行，四体何由宁，理道何由平？**若道不平淡与一材同用好**⑱，譬大匠善规⑲，惟规之用。**则一材处权**⑳，**而众材失任矣**。惟规之用则矩不得立其方㉑，绳不得经其直㉒，虽日运规矩无由成矣。

【注释】

①总达：统领提拔。《四库》本无"总"字，据《四部丛刊》本补。

②师氏：官名。西周时设置，官位尊显，负责教育贵族子弟。《周礼·地官·司徒》说："师氏，中大夫一人。"郑玄注："师，教人以道者之称也。"孔颖达疏："以其教国子有道艺，故使中大夫尊官为之也。"

③胄子：帝王或贵族的长子。《尚书·舜典》："夔！命汝典乐，教胄子。"孔传："胄，长也，谓元子以下至卿大夫子弟。"孔颖达疏："继父世者，惟长子耳，故以胄为长也。"

④司寇：官名。夏朝始置，商、周、春秋战国沿置。国君重要辅佐大臣之一。春秋鲁、宋等国设大司寇、少司寇，郑国有野司寇，战国时有的称邦司寇。主管刑狱缉盗，督造兵器。

⑤三孤：官名，即三少。《尚书·周官》记载："少师、少傅、少保曰三孤。"辅助太师、太傅、太保辅弼君王，地位比公低比卿高。

⑥庙谟：国家决策。

⑦三公：官名。周朝为最高辅政大臣的合称，或指太师、太傅、太保，或指司徒、司马、司空。西汉成帝元和年间，以丞相、大司马、

御史大夫同为宰相,合称三公。东汉改名为太尉、司徒、司空,亦称三司。位高禄厚,权力极大。

⑧三槐:即三公。相传周代宫廷外种有三棵槐树,三公朝见天子时,面向三槐而立。后因以三槐喻三公。《周礼·秋官·朝士》:"面三槐,三公位焉。"

⑨冢宰:相传为殷、周辅政大臣,位居百官之首。《尚书·伊训》说:"百官总己以听冢宰。"《礼记·檀弓下》说:"古者天子崩,王世子听于冢宰三年。"春秋战国时泛指执掌国政的大臣。

⑩天官:官名。《周礼》分设天、地、春、夏、秋、冬六官。以天官冢宰居首,总御百官。

⑪佐:指次一等,处于陪同地位者。《史记·孝武本纪》:"天神贵者泰一,泰一佐曰五帝。"

⑫司空:官名。相传为殷商辅政大臣之一。西周时为三公之一。西汉成帝时改御史大夫为大司空,东汉光武帝初改为司空,均为三公之一。以后各朝多有变化。

⑬冬官:官名。《周礼》分设天、地、春、夏、秋、冬六官。司空为冬官,掌管工程制作。

⑭国史:负责撰写国史的官员。

⑮行人:官名。《周礼·秋官》属官有大行人、小行人,掌迎送接待宾客。春秋战国各国多设行人,掌朝觐聘问。秦、西汉初有行人令,为大行令属官,负责接待少数民族宾客。两汉以后常设,担任出使聘问之事。

⑯官不易方:官不改变为官之道。方,道理,常规。《易·恒》:"君子以立不易方。"

⑰太平用成:太平盛世因此建成。用,因此。《尚书·甘誓》:"有扈氏威侮五行,怠弃三正,天用剿绝其命。"

⑱与一材同用好:偏好某种才能。

⑲规：画圆的工具。《韩非子·饰邪》："悬衡而知平，设规而知圆。"

⑳处权：当权。

㉑矩：画方的工具。《荀子·不苟》："五寸之矩，尽天下之方也。"杨倞注："矩，正方之器也。"

㉒绳：木匠画直线的工具。《尚书·说命上》："惟木从绳则正，后从谏则圣。"孔安国传："言木以绳直，君以谏明。"

【译文】

主德，就是聪明平淡，统领提拔众多人才，而不是亲自担当起处理日常事务的工作。双目专视，两耳专听，各司其职，则众人才得到举荐。众多人才得到举荐，则君主就会做到无为而治。所以主德之道确立，那么上述十二种人才就能各自按照才能得到任用。君主无为则臣下担当其任。具备清节家品德的人，被放到官位尊显的师氏位置上。负责用道德教导子弟。具备法家才能的人，被放到主管刑狱的司寇的位置上。负责用刑法禁止奸暴。具备谋划才能的人，被放到三孤的位置上。负责制定国策辅佐国政。德、法、术三才具备的人，被放到三公的位置上。在三公的位置上陪帝王议论政事。三才具备但比前者稍差的，被放到冢宰的位置上。天官之首冢宰总统百官。褒贬人物评论是非的人，其地位比师氏要低一等。分别是非来辅佐师氏官。善权变智谋的人，其地位比冢宰要低一等。因事制宜辅佐冢宰。能在具体官位上胜任，被放在司空的位置上。在技巧上留意，所以掌司空之任。具有传播圣人之业才能的人，被放到安抚百姓的位置上。掌管道德才艺保其民安。具有撰写文章才能的人，被放到国史的位置上。记述典章制度传之后人。具有论辩才能的人，被放到行人的位置上。负责接应答谢迎来送往。骁勇雄悍的人，被放到将帅的位置上。掌管军队讨伐叛逆。这就叫做主德之道确立而为臣之道井然有序，当官的不改变为官之道，太平盛世因此就建立了。之所以能使天下太平，是因为不改变选官用人之道。如果用脚来拿东西，用手走路，四肢怎能安宁，治理怎能平稳？如果主德之道不是平静中庸而是偏好某种才能，譬如工匠善于使用圆规,只用圆规不用别的工具。那么就会使具有某种才能的人得势,而其他众多的人才就不会被任用了。只用圆规则画方的工具便没了用场,画直线的墨绳也失去用处,这样即使整天忙碌也形不成规矩。

材理第四 材既殊涂,理亦异趣,故讲群材,至理乃定。

【题解】

本章讨论关于人才与道理的关系。道理在它处在纯理论形态时,分为关于万物发展变化规律的道理、关于人事的道理、关于"义"的道理、关于性情的道理。概括起来就是道理、事理、义、情理。而当人们去探讨这些道理的时候,即使他们纯正畅达的性情也会产生九种偏颇。至于性情不够纯正畅达的则会有七种似是而非的表现。在互相争辩道理的时候,还会产生三种失误和六种造成纠纷的情况。之所以如此,是因为他们是"偏才",只有同时具备"聪能听序"、"思能造端"、"明能见机"、"辞能辩意"、"捷能摄失"、"守能待攻"、"功能夺守"、"夺能易予"八种才能,才能通晓天下至理,因而被称为"通才"。

刘昺注译文:才的内容不一样,道理的旨趣也各异,所以讲通才,通晓天下至理才是。

夫建事立义,莫不须理而定①。言前定则不惑,事前定则不疐②。及其论难,鲜能定之③。夫何故哉?盖理多品而人异也④。事有万端,人情舛驳⑤,谁能定之?夫理多品,则难通。人材异,则情诡⑥。情诡难通,则理失而事违也。情诡理多,何由而得?

【注释】

①理：道理，事理。《易·坤》："君子黄中通理。"孔颖达疏："黄中通
　理者，以黄居中，兼四方之色，奉承臣职，是通晓物理也。"

②踬：跌倒，绊倒。指事情不顺利。

③鲜：少。

④品：种类。

⑤舛（chuǎn）驳：庞杂，不统一。

⑥诡：差异，不同。《淮南子·说林训》："水虽平，必有波；衡虽正，
　必有差；尺寸虽齐，必有诡。"高诱注："诡，不同也。"

【译文】

　　办成一件事情确立一种观点，全都需要道理的支持才能确定。说话
前理定则明白不惑，办事前理定则顺利无阻。然而在讨论辨明道理的时候，
却很少能有定论。这是什么原因呢？这是因为道理的种类很多而且人
才也各有不同的缘故。事物有万种，人情庞杂不一，谁能定呢？道理的种类
很多，就很难讲通。人才各有不同，则性情就有差别。性情有差别道理
难讲通，就会发生道理有失、事与愿违的现象。人情不同，道理众多，怎能
得到适于众情的一种道理呢？

　　夫理有四部①，道义事情，各有部也。明有四家②，明通四
部，各有其家。情有九偏③，以情犯明④，得失有九。流有七似⑤，
似是而非，其流有七。说有三失⑥，辞胜理滞，所失者三。难有六
构⑦，强良竞气⑧，忿构有六。通有八能。聪思明达，能通者八。

【注释】

①理有四部：即下面所说道理、义理、事理、情理。

②明有四家：即四种道理的外在表现。明，公开，明显，此指外在

表现。

③偏:片面,偏失。

④犯:通"范",规范。

⑤流有七似:即下文刘昺所说"似是而非,其流有七"。似,即似是
　而非。

⑥说有三失:即下文刘昺所说"辞胜理滞,所失者三"。说,即指能
　言善辩但于理不通。

⑦构:构成。

⑧强良:亦作"强梁"。指武勇有力的人。

【译文】

　　道理有四部,道理部、义理部、事理部、情理部。因而产生外在表现有
四种,明道、通义、明事、通情。人的性情偏颇有九种,用情规范明,会有九种
得失。似是而非的现象有七种,七种似是而非的现象。在论说中造成的失
误有三种,言辞华丽道理不通,有三种损失。在非难中所构成的情绪有六
种,争力竞气,有六种情绪。兼通天下之理需要有八种能力。八种通达聪明
的途径。

　　若夫天地气化①,盈虚损益,道之理也②。以道化人,与时
消息③。法制正事④,事之理也。以法理人,务在宪制。礼教宜
适,义之理也⑤。以理教人,进止得宜⑥。人情枢机⑦,情之理
也。观物之情,在于言语。

【注释】

①气化:中国古代哲学术语,指阴阳之气化生万物。宋张载《正
　蒙·太和》:"由太虚,有天之名;由气化,有道之名。"意谓"道"是
　物质变化的过程。

②道：世间万物发展变化的规律。

③消息：消长，增减，盛衰。

④正事：政事。

⑤义：符合社会道德的思想和行为。

⑥以理教人，进止得宜：用万物发展变化的道理教育人们，使他们的行动适合时宜。

⑦枢机：《易·系辞上》："言行，君子之枢机。"后因以"枢机"喻言语。

【译文】

至于天地阴阳之气所化成的万物，有消长盈亏的变化，这是世间万物发展变化规律的道理。用道理教化人民，随时势变化而变化。以法律制度治理政事，这是关于人事的道理。以法律治理人民，以制定典章制度为务。用万物发展变化的道理教育人们使他们的行动适合时宜，这是关于"义"的道理。用道理教导人民，进退都恰到好处。通过观察人的语言了解性情，这是关于性情的道理。观察事物的情理，在于言语的运用。

四理不同，其于才也，须明而章①，明待质而行②。是故质于理合，合而有明，明足见理③，理足成家。道义与事情各有家。是故质性平淡，思心玄微④，容不躁扰⑤，其心详密。能通自然，道理之家也。以道为理⑥，故能通自然也。质性警彻⑦，权略机捷⑧，容不迟钝，则其心机速。能理烦速⑨，事理之家也。以事为理，故审于理烦也。质性和平，能论礼教，容不失适，则礼教得中。辩其得失，义礼之家也。以义为礼，故明于得失也。质性机解⑩，推情原意⑪，容不妄动，则原物得意⑫。能适其变，情理之家也。以情为理，故能极物之变。

【注释】

①须明而章:依靠外部表现而彰显。章,同"彰"。

②质:指人的先天资质。

③见:同"现"。

④玄微:玄远,微妙。《后汉纪·孝明皇帝纪下》:"(佛教)有经数千万言……世俗之人,以为虚诞,然归于玄微深远,难得而测,故王公大人观死生报应之际,莫不矍然自失。"

⑤躁扰:急躁好动。

⑥道:规律。理:法纪,法律。

⑦警彻:敏锐透彻。

⑧机捷:机智敏捷。

⑨烦速:繁杂急迫的事务。

⑩机解:机敏聪颖有悟性。

⑪推情原意:推想性情追溯本意。原,同"源"。

⑫原物:追溯事物之本源。原,同"源"。

【译文】

四种道理各不相同,对于人才来说,四理必须依靠其外部表现才能彰显,而外部表现是依赖于内部资质的。所以人才的资质与道理相吻合,吻合了就会有其外部表现,外部表现充分了道理也就体现出来了,道理充分了就形成了一家之理。四理各有专家。所以资质平和恬淡,思考玄远微妙的事物,面无急躁不安之色的人,其心安详而缜密。与自然相通,就是道理之家的表现。遵守自然规律,所以能与自然相通。资质敏锐观察透彻,灵活有谋机智敏捷,面无迟钝表情的人,其心机智敏捷。能处理繁杂急迫的事务,就是事理之家的表现。遵守事物发展的规律,所以能处理繁杂急迫的事务。资质性情温和平缓,能论说道理教化,面带安逸愉悦之容的人,则适宜做礼义教化。论说其中的得失,就是义理之家的表现。以义为礼教的内容,所以对得失的道理看得明白。资质性情机敏聪颖有悟性,推想性情追溯本意，表情不随意变化，是因为知道事物本来的真谛。适应情意的变化，这就是情理之家的表现。尊重事物的本性，所以能够掌握事物变化的本质。

　　四家之明既异，而有九偏之情。以性犯明①，各有得失。明出于真，情动于性。情胜明则蔽，故虽得而必丧也。刚略之人，不能理微，用意粗疏，意不玄微。故其论大体，则弘博而高远；性刚则志远。历纤理②，则宕往而疏越③。志远故疏越。抗厉之人，不能回挠④，用意猛奋⑤，志不旋屈⑥。论法直⑦，则括处而公正⑧；性厉则理毅⑨。说变通，则否戾而不入⑩。理毅则滞碍。坚劲之人，好攻其事实，用意端确⑪，言不虚徐⑫。指机理⑬，则颖灼而彻尽⑭；性确则言尽。涉大道，则径露而单持⑮。言切则义少。辩给之人，辞烦而意锐，用意疾急，志不在退挫。推人事，则精识而穷理⑯；性锐则穷理。即大义，则恢愕而不周⑰。理细故遗大。浮沉之人⑱，不能沉思，用意虚廓志不渊密⑲。序疏数⑳，则豁达而傲博㉑；性浮则志微。立事要，则煴炎而不定㉒。性傲则理疏。浅解之人㉓，不能深难，用意浅近，思不深熟。听辩说，则拟锷而愉悦㉔；性浅则易悦。审精理，则掉转而无根㉕。易悦故无根。宽恕之人，不能速捷，用意徐缓，思不速捷。论仁义，则弘详而长雅㉖；性恕则理雅㉗。趋时务，则迟缓而不及。徐雅故迟缓。温柔之人，力不休强㉘，用意温润，志不美悦。味道理，则顺适而和畅；性和则理顺。拟疑难㉙，则濡懦而不尽。理顺故依违。好奇之人，横逸而求异㉚，用意奇特，志不同物。造权谲，则倜傥而瑰壮㉛；性奇则尚丽。案清道，则诡常而恢迂㉜。奇逸故恢诡㉝。此所谓性有九偏，各从其心之所可以为理^㉞。心之所可以为理，是非相蔽终无休已。

【注释】

①犯：规范。犯，通"范"。

②历：审视，察看。班彪《王命论》："历古今之得失，验行事之成败。"

③宕往：豪纵不羁。疏越：疏忽遗漏。

④回挠：屈服。

⑤猛奋：刚劲奋发。

⑥旋屈：回转屈服。

⑦论法直：论说法律所适用的地方。直，同"置"，放置，安置。此处的意思是把法律放置在……地方，意即法律所适用的地方。

⑧括处：执法审察刑狱。括，法。扬雄《法言·修身》："其为中也弘深，其为外也肃括，则可以禔(zhī)身矣。"李轨注："括，法也。"处，审察。

⑨理毅：严正地讲道理。

⑩否戾(pǐ lì)：即乖戾，悖谬，不合情理。

⑪端确：端正，正确。

⑫虚徐：缓和而不实。

⑬机理：事物变化的道理。

⑭颖：尖锐。灼：鲜明。

⑮径露：直截了当。单持：所持义理单薄。

⑯穷：尽。《列子·汤问》："飞卫之矢先穷，纪昌遗一矢，既发，飞卫以棘刺之端扞之，而无差焉。"张湛注："穷，尽也。"

⑰恢愕：恢廓直率。不周：不齐全，不周到。

⑱浮沉之人：性情浮躁不沉稳的人。浮沉，偏指浮躁不沉稳。

⑲虚廓：大而空。渊密：深刻而密实。

⑳疏数：疏密，远近，亲疏。

㉑傲博：此指范围广大。傲，同“敖”，游走。

㉒爁（làn）炎：火焰飘动的样子。

㉓浅解之人：理解问题肤浅的人。

㉔拟锷：类似锋利的剑刃。锷，刀剑的刃。《庄子·说剑》：“天子之剑，以燕谿石城为锋，齐岱为锷，晋魏为脊，周宋为镡，韩魏为夹。”把别人的辩说看做像剑刃一样犀利。

㉕掉转而无根：颠三倒四没有根据。

㉖弘详：宽宏和顺。详，通“祥”，和顺。《左传·成公十六年》：“德、刑、详、义、礼、信，战之器也。”杨伯峻注：“详，通‘祥’。祥即事鬼神之应有态度，顺也，善也。”

㉗雅：正。《荀子·儒效》：“法二后王谓之不雅。”杨倞注：“雅，正也。其治法不论当时之事而广说远古，则为不正也。”

㉘休强：盛美强壮。

㉙拟疑难：决断处理疑难问题。拟，拟定，决定。《世说新语·方正》：“王中郎年少时，江虨为仆射，领选，欲拟之为尚书郎。”

㉚横逸：纵横奔放。

㉛倜傥：卓异，不同寻常。《汉书·司马迁传》：“古者富贵而名摩灭，不可胜记，惟俶傥非常之人称焉。”“俶傥”同“倜傥”。瑰壮：瑰丽雄壮。

㉜恢迂：迂阔，不切实际。

㉝恢诡：荒诞怪异。

㉞各从其心之所可以为理：把自己心中认为是对的东西作为普遍适用的道理。

【译文】

四家的外部表现已经不相同，由此又产生了九种性情的偏颇。以性情规范明智，就使四家各有失有得。明智出于真诚，情感动于本性。情感大于明智则昏聩不明，所以虽然暂时有得最终会失。性情刚烈粗犷的人，不能处理细微的事，用心粗疏，想得不远不细。所以他在论说事物概貌时，会显得博大而高远；性情刚烈则心志高远。而在审察细微的道理时，则会豪纵不羁疏忽遗漏。心志高远则会疏忽遗漏。性情高尚严正的人，不能屈服折节，用心刚劲奋发，不回转屈服。论说法律所适用的地方时，会执法审察刑狱公正不偏；性格严厉则讲道理严正。而在谈论灵活变通方面，则会出现悖谬不合情理。道理严正则实行起来会不顺畅。性情坚定强劲的人，喜好钻研具体事务的真实情况，用心端正，没有缓和而不实的言语。在谈论具体事物变化的道理时，敏锐鲜明而明白透彻；用心端正则说话明白透彻。而在谈论宏观道理时，则直截了当所持义理单薄。说话恳切率直却义理不足。能言善辩之人，语词丰富而情意急切，心意急切，不能使其受挫而退。推断人事时，会见识精深道理深透；思维敏锐则道理深透。而在碰到大的道理时，则恢廓直率而不周到。只讲小道理顾不上大道理。性情浮躁不沉稳的人，不能深入思考，用心大而空，不深刻不密实。排列疏密远近亲疏顺序时，会豁达而范围广大；性情虚浮则志向微小。而确立事物的关键时，则会像火焰一样飘忽不定。心性空泛则道理粗疏。理解问题肤浅的人，不能深刻地问难，用心浅近，不深思熟虑。听到别人的辩说时，就会认为得到像剑刃一样犀利的语言而心怀喜悦；心性浅近则容易满足。而在审察精深的道理时，就会颠三倒四没有根据。容易满足则无根基。性情宽厚能体察别人心理的人，不能迅速敏捷地反应，性情缓慢，思维不敏捷。谈论仁义时，宽宏和顺高尚文雅；性情宽恕则道理端正。追赶时务潮流，则迟缓而落后。因为徐雅所以迟缓。性情温柔的人，力量不强壮，性情温和柔润，不以欢悦为美。体味道理时，顺心适意平和顺畅；性情平和则顺从畅快。决断处理疑难问题，则软弱迟疑犹豫不决。顺从畅快所以面临难题会犹豫不决。好标新立异的人，纵横奔放追求新奇，用心奇特，志在不与一般人等同。制造权谋实行诡诈时，不同寻常瑰丽雄壮；性情奇特则喜欢瑰丽。按照清静无为之道做事时，则会违反常规不切实际。奇特超俗所以荒诞怪异。这就是人们所说的性情的九种偏颇,他们分别把自己心中认为是对的东西作为普遍适用的道理。把自以为是的东西作为普遍适用的道理,就会以是掩非,以非遮是,是非相掩,永无休止。

若乃性不精畅①,则流有七似。有漫谈陈说②,似有流行者③。浮漫流雅似若可行④。有理少多端,似若博意者⑤。辞繁喻博,似若弘广。有回说合意⑥,似若赞解者⑦。外佯称善,内实不知。有处后持长⑧,从众所安,似能听断者。实自无知而不言,观察众谈,赞其所安⑨。有避难不应,似若有余,而实不知者。实不能知而佯不应,似有所知而不答者。有慕通口解⑩,似悦而不怿者⑪。闻言即说,有似于解者,心中漫漫不能悟⑫。有因胜情失⑬,穷而称妙,辞已穷矣,自以为妙而未尽。跌则掎蹠⑭,理已跌矣,而强牵据。实求两解,似理不可屈者。辞穷理屈,心乐两解而言犹不止⑮,听者谓之未屈。凡此七似,众人之所惑也。非明镜焉能鉴之?

【注释】

①精畅:纯正畅达。

②陈说:旧理论。

③流行:指正在盛行的学说。

④浮漫:轻率。流雅:文雅外表。

⑤博意:含义宏大广博。

⑥回说合意:附和别人的意思进行答复。

⑦似若赞解:表面上称赞别人说得好,心里对别人所说并不理解。即刘昺下文所说的"外佯称善,内实不知"。

⑧处后持长:在别人谈论后发表意见,持赞许态度。长,正确,引申

为赞许。

⑨安：认为稳妥。

⑩慕通口解：仿效那些精通道理的人马上说出。慕，仿效。《三国志·蜀书·董和传》："苟能慕元直之十一，幼宰之殷勤，有忠于国，则亮可少过矣。"

⑪似悦而不怿者：好像因明白而高兴实际上并没有这样的喜悦。即刘邵在下文所说"有似于解者，心中漫漫不能悟"。

⑫漫漫：昏聩糊涂。

⑬因：往，趋赴。《国语·郑语》："公曰：'谢西之九州，何如？'对曰：'其民沓贪而忍，不可因也。'"韦昭注："因，就也。"

⑭跌则掎蹠（jǐ zhí）：即刘邵在下文所说"理已跌矣，而强牵据"。掎蹠，勉强坚持以为依据。蹠，同"跖"。

⑮两解：双方和解。

【译文】

至于那些性情不纯正畅达的人，则有七种似是而非的表现。有的人大谈陈旧的学说，好像他的学说在时下正在盛行。议论轻率外表文雅，好像可行的言论。有的人道理并不充分却涉及广泛，好像其学说含义宏大广博。旁征博引，好像很宏大广博。有的人附和别人的意思进行答复，表面上称赞别人说得好，心里对别人所说并不理解。表面称赞装作听懂了，实际上内心并不理解。有的人在别人谈论后发表意见，持赞许态度，顺从众人认为可靠的观点，好像能判断谁是谁非。不谈自己看法以掩盖无知，观听别人谈论，然后赞成认为稳妥的说法。有的人实际上并不明白别人所说，但假装加以轻视不予回应，好像已经知道，但实际上并非如此。装作不屑回答实际上并不明白，好像知道了不愿回答。有的人仿效那些精通事理的人马上加以回应，好像因有所悟而显出高兴的样子，实际上并不明白。听别人说应声即答，好像知道，实际上心里糊涂一团。有的人因追求在论辩中取胜而失去常情，已经词穷还自以为妙而未尽，已经词穷还自以为未尽其妙。**理已屈还强词夺理**，已经理亏还勉强坚持以为依据。**实际想双方和解，但表面还理直气壮。**理屈词穷心里想着和对方停止辩论，而嘴上却滔滔不绝地说，让旁听的人认为他并没有被说服。以上七种似是而非的表现，往往让众人迷惑，分辨不清。不是明白人怎么能看得出来？

　　夫辩有理胜，理至不可动。**有辞胜。**辞巧不可屈。**理胜者，正白黑以广论①**，释微妙而通之。说事分明，有如粉黛朗然区别②，辞不溃杂③。**辞胜者，破正理以求异**，求异则正失矣。以白马非白马，一朝而服千人，及其至关，必赋直而后过也④。**夫九偏之材，有同、有反、有杂。同则相解**，譬水流于水。**反则相非**，犹火灭于水。**杂则相恢⑤**。亦不必同，又不必异，所以恢达⑥。**故善接论者，度所长而论之⑦**。因其所能，则其言易晓。**历之不动，则不说也。**彼意在狗，马俟他日。**傍无听达，则不难也。**凡相难讲，为达者听。**不善接论者，说之以杂反⑧**。彼意在狗而说以马，彼意大同而说以小异。**说之以杂反，则不入矣。**以方入圆，理终不可。**善喻者，以一言明数事。**辞附于理，则言寡而事明。**不善喻者，百言不明一意。**辞远乎理，虽泛滥多言，己不自明，况他人乎！**百言不明一意，则不听也。**自意不明谁听之？**是说之三失也。**

【注释】

①正：辨别，区分。《后汉纪·光武皇帝纪》："诚能禁备盗贼，制御强暴，使不相侵，民有事争讼，为正曲直，此大功也。"

②粉黛：粉是白的，黛是黑的。指黑白分明。

③溃杂：混杂。溃，意为水合流。

④"及其至关"二句：古人过关，马匹按毛色而收税，白色马匹收税
　　高。见《韩非子·外储说左上》第二十三。

⑤恢：宏大宽广。此引申为相容。

⑥恢达：宽宏旷达。

⑦度：推测。

⑧杂反：论点混杂相反。

【译文】

　　辩论有以道理取胜，最深的道理不可动摇。有以言辞取胜。善于辞令之人不可说服。以道理取胜的，辨别黑白是非以使自己的理论得到推广，解释微妙的道理使别人通晓明白。辨析事物层次分明，就像粉黛那样黑白分明，不含糊混杂。以言辞取胜的，打破正理求得异说，追求异说就失去了正理。用白马非马的理论，一下子使众人诚服，但在通过关口的时候，还是要按照白马的标准缴费才能通过。九种性情偏颇的人才，其性情有同、反、杂三种。性情同的则会与别人的观点融为一体，就像一条河流入另一条河。性情反的就会与别人的观点互相非难，就像水浇灭火。性情杂的则能容纳别人的观点。不强求异或同，所以宽宏旷达。所以善于和别人交谈的，会忖度对方的长处而与之谈论。利用对方擅长的领域与之交谈，所以其道理容易被对方明白。自己的意见不能说动对方，就暂时不说。如果对方意不在此，就等待其他机会。旁边没有通达的人听，就不提出非难了。凡是要提出非难，是说给达理者听的。不善于和别人交谈的，用混杂相反的论点和别人论说。对方之意在狗而说之以马，对方求大同而说之以小异。用混杂相反的论点与别人论说，就会与对方的想法格格不入。就像以方入圆，道理始终不被认可。善于开导别人的人，能用很少的语言说明很多的事情。言论为道理服务，则言语少而道理明。不善于开导别人的人，说很多话也说不明白一个意思。言论和道理脱离，虽然千言万语，自己都不明白，何况别人呢！说很多话也说不明白一个意思，别人就不会听了。自己的意思都表达不明白，谁会听进去呢？这是论说方面的三个失误。

善难者，务释事本①。每得理而止住。不善难者，舍本而理末。逐其言而接之。舍本而理末，则辞构矣②。不寻其本理而以烦辞相文③。善攻强者，下其盛锐④，对家强梁始气必盛⑤，故善攻强者避其初鼓也。扶其本指⑥，以渐攻之⑦。三鼓气胜衰则攻易。不善攻强者，引其误辞，以挫其锐意。强者意锐，辞或暂误。击误挫锐，理之难也。挫其锐意，则气构矣⑧。非徒群言交错，遂至动其声色。善蹑失者⑨，指其所跌。彼有跌失，暂指不逼。不善蹑失者，因屈而抵其性⑩。陵其屈跌⑪，而抵挫之⑫。因屈而抵其性，则怨构矣⑬。非徒声色而已，怨恨逆结于心。或常所思求，久乃得之。仓卒谕人，人不速知，则以为难谕。己自久思而不恕人。以为难谕，则忿构矣⑭。非徒怨恨，遂生忿争。夫盛难之时⑮，其误难迫⑯。气盛辞误，且当避之。故善难者，征之使还。气折意还，自相应接。不善难者，凌而激之⑰，虽欲顾藉⑱，其势无由。弃误顾藉，不听其言。其势无由，则妄构矣⑲。妄言非訾⑳，纵横恣口㉑。凡人心有所思，则耳且不能听。思心一至，不闻雷霆。是故并思俱说，竞相制止，欲人之听己，止他人之言，欲使听己。人亦以其方思之故，不了己意，则以为不解。非不解也，当己出言，由彼方思，故人不解。人情莫不讳不解，谓其不解，则性讳怒㉒。讳不解，则怒构矣㉓。不顾道理是非，于其凶怒恣肆。凡此六构，变之所由兴也㉔。

【注释】

①务释事本：致力于抓住根本而舍去末节。事，治理。《淮南子·原道训》："万物固以自然，圣人又何事焉？"高诱注："事，治也。"

②辞构：构成了言词烦冗，废话连篇。

③文：用文辞修饰。

④下其盛锐：使其盛锐之气减低。

⑤始气：开始的气势，以为气势强盛之时。

⑥扶其本指：顺着他本来的意旨。扶，顺着，沿着。陶潜《桃花源
　　记》："既出，得其船，便扶向路，处处志之。"指，同"旨"。

⑦渐：逐步。《易·坤·文言》："臣弑其君，子弑其父，非一朝一夕
　　之故，其所由来者渐矣，由辩之不早辩也。"

⑧气：生气。此指通过说话和脸色表现出来的生气情绪。

⑨蹑：同"摄"，提起，拿住。

⑩因屈而抵其性：趁他理屈的时候进一步挤压使他受挫。

⑪陵：同"凌"。在上。

⑫抵挫：排挤，摧折。

⑬怨：怨恨，比生气更强烈的情绪。

⑭忿：忿怒，比怨恨更激烈的情绪。

⑮盛难之时：气盛而出现语言错误的时候。

⑯其误难迫：其错误应该回避，不要进一步逼迫。迫，逼近，逼迫。

⑰凌而激之：侵犯欺侮他使他的反应更激烈。

⑱顾藉：顾念，顾惜。

⑲妄：胡乱，随便。《陈书·儒林·沈洙传》："洙少方雅好学，不妄
　　交游。"此指随意乱说，恣意诋毁。

⑳非訾：诽谤，诋毁。非，通"诽"。

㉑恣口：肆意乱说。恣，放纵，肆意。《史记·吕太后本纪》："王后
　　从官皆诸吕，擅权，微伺赵王，赵王不得自恣。"

㉒讳怒：因触其忌讳而发怒。

㉓怒：比忿更强烈的情绪。

㉔兴：发生。《史记·乐书》："凡奸声感人而逆气应之，逆气成象而
　　淫乐兴焉。"张守节《正义》："兴，生也。"

【译文】

　　善于辩驳的人，致力于抓住根本而舍去末节。只求阐明道理。不善于辩驳的人，则舍去根本而去注意末节。顺着对方的言论往下说。舍去根本而去注意末节，就构成了言词烦冗，废话连篇的情形。不寻求根本的道理而只是用文辞修饰言论。善于战胜强大对手的人，先使对手的盛锐之气减低，对手强大开始气势必盛，所以善于战胜强大对手的人采取避其锐气的策略。然后顺着他本来的意旨，逐步地批驳他。再而衰三而竭，盛气衰落后攻之则易。不善于进攻强大对手的人，往往找出对手语言上的失误，以此来挫败他的锐气。强者意气旺盛，言谈可能出现失误。用攻击其失误来挫其锐气，很难达到目的。用这样的方法挫败对手的锐气，就会使他说话和表情都显出生气的情绪。不仅语锋交错，甚至会声色俱厉。善于利用对手过失的人，当对手出现失误时，对他的失误不去进逼。对方有失误，不因此进逼。不善于利用对手过失的人，趁他理屈的时候，进一步挤压使他受挫。攻击对手失误，使他受到挫折。趁他理屈的时候挤压他，则会使他在心里结成怨恨的情绪。不仅仅使对方情绪激烈，而且使他心中结下怨恨。有的人自己常常思考寻求道理，经过很长的时间才有所发现。然而他却让别人马上接受这个道理，别人不能马上接受，就以为别人难以理喻。自己深思熟虑而不包容别人思考。把别人看做是难以理喻的人，别人就会因愤怒而与之争辩。不仅仅使对方怨恨，而且会激起对方愤怒。当别人气盛而出现语言错误的时候，对其错误应该回避，不要进一步逼迫。应当回避对方因气盛而出现的言语失误。所以善于对待别人语言错误的人，指出他的错误却让他有挽回的余地。对方挽回错误心平气和，自然会正常交流。不善于对待别人语言错误的人，会借此侵犯欺侮他，使他做出更激烈的反应，对手即使顾念爱惜自己的面子，但却无法挽回。不允许其改正失误挽回面子。无法挽回，就会使他随意乱说，恣意诋毁。恣意诽谤，随意乱说。大凡人在思考问题的时候，往往不能同时听到别人在说什么。专心思考，不受干扰。所以在别人思考的同时去和他谈话，制止别人的谈话，只想让人家听自己的，不让对方说话，只听自己的。别人因为正在思考的缘故没有听进去，就以为人家不了解自己的意图。不是对方不了解，而是当自己说话时，对方正在思考问题，所以没听进去。忌讳别人说不了解是人之常情，说对方不了解，则触动了他的忌讳使他发怒。因为忌讳别人说自己不了解，便造成了无比愤怒的情绪。不顾道理是非，只是不顾一切地发泄愤怒。由于上边所说的六种情况，谈话中的纠纷便由此产生了。

然虽有变构，犹有所得。造事立义，当须理定。故虽有变说小故，终于理定功立。若说而不难，各陈所见，则莫知所由矣①。人人竞说，若不难质②，则不知何者可用也。由此论之，谈而定理者，眇矣③。理多端人情异，故发言盈庭，莫肯执其咎④。必也聪能听序⑤，登高能赋，作器能铭，如颜回听哭⑥，苍舒量象⑦。思能造端⑧，子展谋侵晋，乃得诸侯之盟⑨。明能见机⑩，臾骈睹目动，即知秦师退⑪。辞能辩意，伊藉答吴王："一拜一起未足为劳。"⑫捷能摄失，郭淮答魏帝曰："自知必免防风之诛。"⑬守能待攻，墨子谓楚人："吾弟子已待之于宋。"⑭攻能夺守⑮，毛遂进曰："今日从为楚，不为赵也。"楚王从而谢之⑯。夺能易予⑰。以子之矛掩子之盾，则物主辞穷⑱。兼此八者，然后乃能通于天下之理。通于天下之理，则能通人矣。不能兼有八美，适有一能⑲，所谓偏材之人。则所达者偏，而所有异目矣⑳。各以所通而立其名。

【注释】

①莫知所由：不知道该听谁的。由，听从，遵从。

②难质：为难，质问。

③眇（miǎo）：盲目。

④执其咎：指出他的错误。

⑤序：次序。此指听出声音大小的差别，排出次序。

⑥颜回听哭：典出《孔子家语·颜回》：孔子在卫，昧旦晨兴。颜回
　侍侧，闻哭者之声甚哀。子曰："回，汝知此何所哭乎？"对曰："回
　以此哭声，非但为死者而已，又有生离别者也。"子曰："何以知
　之？"对曰："回闻桓山之鸟生四子焉，羽翼既成，将分于四海，其
　母悲鸣而送之，哀声有似于此，谓其往而不返也。回窃以音类知
　之。"孔子使人问哭者，果曰："父死家贫，卖子以葬，与之长决。"
　子曰："回也，善于识音矣。"颜回，字子渊，春秋鲁国人，孔子
　弟子。

⑦苍舒量象：当为仓舒，即曹冲，字仓舒，曹操第七子，环夫人所生，
　聪明过人，深受曹操喜爱。早卒。曹冲称象，典出《三国志·魏
　书·曹冲传》：孙权曾致巨象，曹操欲知其重，访之群下，无人能
　有办法。曹冲说："置象大船之上，而刻其水痕所至，称物以载
　之，则校可知矣。"曹操大悦，即施行焉。

⑧造端：开始，开端。《礼记·中庸》："君子之道，造端乎夫妇；及其
　至也，察乎天地。"孔颖达疏："言君子行道，初始造立端绪，起于
　匹夫匹妇之所知所行者。"

⑨"子展"二句：事出《左传·襄公九年》：郑国与晋国为盟国，楚国
　伐郑，子驷准备与楚国结盟。子孔、子𫏋说："与晋国结盟，口血
　未干而背之，可以吗？"子驷、子展曰："我们与晋国盟誓时说：'唯
　强是从。'现在楚师至，晋不救我，则为楚强矣。我们与楚国结
　盟，怎么说背弃了盟誓之言呢？"便与楚国结盟。子展，春秋郑国
　大夫。侵晋，背弃与晋国的盟约。侵，背弃。

⑩见机：从事物细微的变化中预见其先兆。《易·系辞下》："君子
　见几而作，不俟终日。"机，同"几"，指事物的迹象、先兆。《易·

系辞下》："几者，动之微，吉之先见者也。"

⑪"臾骈"二句：事出《左传·文公十二年》：秦军伐晋，晋人御之。赵盾率领中军，荀林父佐之。郤缺率领上军，臾骈佐之。栾盾率领下军，胥甲佐之。臾骈认为："秦不能久，请深垒固军以待之。"秦军与晋国上军打一仗后，双方退兵。秦军派使者对晋军说："我们两国军队尚未痛快地交锋，明天就请决战吧！"臾骈见秦使说话时眼珠转动，声音反常，等其离去后对赵盾说："秦军要打算逃走了，请赶快安排追击。"秦军果然连夜逃去。臾骈，春秋时晋国大夫。

⑫"伊藉"二句：事出《三国志·蜀书·伊籍传》：伊籍被派遣出使东吴，孙权闻其才辩，欲逆折以辞。籍适入拜，权曰："劳事无道之君乎？"籍既对曰："一拜一起，未足为劳。"伊藉，当作"伊籍"，三国山阳人，字机伯。任蜀汉左将军从事中郎。

⑬"郭淮"二句：事出《三国志·魏书·郭淮传》：曹丕称帝时，时任征羌护军的郭淮，奉使贺曹丕登基，因途中生病，故迟至京城。曹丕正色责之曰："昔禹会诸侯于涂山，防风后至，便行大戮。今溥天同庆而卿最留迟，何也？"淮对曰："臣闻五帝先教导民以德，夏后政衰，始用刑辟。今臣遭唐虞之世，是以自知免于防风之诛也。"曹丕悦之，提拔其为代理雍州刺史，封射阳亭侯，后正式任其为雍州刺史。郭淮，三国太原阳曲人，字伯济。历任曹魏征西将军，都督雍凉诸军事，进封阳曲侯。

⑭"墨子"二句：事出《墨子·公输》：公输盘为楚造云梯之械，成，将以攻宋。子墨子闻之，起于齐，行十日十夜而至于郢，见公输盘。子墨子解带为城，以牒为械。公输盘九设攻城之机变，子墨子九距之。公输盘之攻械尽，子墨子之守圉有余。公输盘诎，而曰："吾知所以距子矣，吾不言。"子墨子亦曰："吾知子之所以距我，吾不言。"楚王问其故。子墨子曰："公输子之意，不过欲杀臣。

杀臣,宋莫能守,可攻也。然臣之弟子禽滑厘等三百人已持臣守围之器,在宋城上而待楚寇矣。虽杀臣,不能绝也。"楚王曰:"善哉,吾请无攻宋矣!"墨子,战国时鲁国人,名翟。墨家创始者。曾为宋国大夫。

⑮夺:压倒,胜过。

⑯"毛遂"四句:事出《史记·平原君虞卿列传》:毛遂随平原君至楚国商议联合之事,长久决定不下来。毛遂按剑历阶而上,对平原君说:"联合之利害,两句话就可解决,为何久而不决?"楚王呵斥说:"我与你主人谈话,你插什么嘴,还不退下!"毛遂按剑而前曰:"以楚之强,天下弗能当。白起,小竖子耳,率数万之众,兴师以与楚战,一战而举鄢郢,再战而烧夷陵,三战而辱王之先人。此百世之怨而赵之所羞,而王弗知恶焉。合从者为楚,非为赵也。吾君在前,叱者何也?"楚王乃与赵结盟。毛遂,战国时赵人,平原君门客。

⑰易予:(在辩论中)改变对方认可(的观点)。予,承认,认为,认可。《礼记·檀弓上》:"伋则安能?"孔颖达疏:"'伋则安能'者,子思自以才能浅薄,不及圣祖,故云伋则何能。郑云:'自予不能及,予犹许也。自许不能及也。'"

⑱"以子"二句:事出《韩非子·难一》:楚人有鬻盾与矛者,誉之曰:"吾盾之坚,莫能陷也。"又誉其矛曰:"吾矛之利,于物无不陷也。"或曰:"以子之矛陷子之盾,何如?"其人弗能应也。

⑲适有一能:只有一种才能。适,通"啻",仅仅。《战国策·秦策二》:"疑臣者不适三人,臣恐王为臣之投杼也。"高诱注:"适音翅。"鲍彪注:"适啻同。"

⑳异目:各自以偏才建立自己的名声,即下文刘昺所说"各以所通而立其名。"

【译文】

　　然而在辩说中虽有各种情绪的变化构成，最终还是要确定的真理来取得成功。做成事情确立观点，必须根据一定道理。所以虽有小的变故，最后还是据理立功。如果只有述说而没有辩论质疑，只是各自陈述自己的意见，就不知道哪种道理是应该听从的。人人争着说自己的看法，如果不进行问难质疑，就不知道哪一个可用。因此可以说，泛泛而谈没有辩论而确定的道理，是盲目的。道理繁多人情各异，所以发言充满朝廷，没有人肯指出他的错误。必须做到听力敏锐得能分辨声音大小细微的差别，登高能作赋，器物能铭文，就像颜回听哭善于识别声音，曹冲称象善于开动脑筋。思虑深远得能够追溯到事物的开端，子展主张背弃晋国，取得与楚国联盟。眼光敏锐得能够察觉到事物变化的先兆，史骈观察秦国使臣的眼神，就知道秦国军队要退却。言辞巧妙得能够表达心中的想法，蜀汉伊籍回答孙权说："一拜一起说不上辛劳。"处事敏捷得能够弥补一时的失误，曹魏郭淮回答魏文帝说："我知道您不会像禹杀防风那样把我杀掉。"防守坚强得能够挡住强敌的进攻，墨子对楚王说："即使把我杀了，我的弟子已经用我发明的防御工具在宋国严阵以待了。"进攻凌厉得能够战胜严密的防守，毛遂对楚王说："今日结盟，是为楚国着想，不是为了赵国。"楚王接受了并致以歉意。争夺巧妙得能够用对方的弱点制服对方。用你的矛刺你的盾，会怎么样？那个既夸矛又夸盾的人便没词了。同时具备这八种能力，然后才能通晓天下的道理。通晓天下的道理，就能够透彻地了解人了。不能够同时具备八种才能，而只有一种才能，所说的偏才。所获得的成就是偏颇的，而且是各自以偏才建立自己的名声。各自以自己的长处建立名声。

　　是故聪能听序，谓之名物之材①。思能造端，谓之构架之材②。明能见机，谓之达识之材。辞能辩意，谓之赡给之材。捷能摄失，谓之权捷之材③。守能待攻，谓之持论之材④。攻能夺守，谓之推彻之材⑤。夺能易予，谓之贸说之材⑥。通材之人，既兼此八材，行之以道。与通人言，则同解而心喻。同即相是⑦，是以心相喻。与众人言⑧，则察色而顺性。下有盛色，避其所短。虽明包众理，不以尚人⑨。恒怀谦下，故处物上。聪睿资给，不以先人⑩。常怀退后，故在物先。善言出己，理足则止。通理则止，不务烦辞⑪。鄙误在人，过而不迫。见人过跌，辄当历避。写人之所怀⑫，扶人之所能。扶赞人之所能，则人人自任矣⑬。不以事类犯人之所姻⑭，胡故反。与盲人言不讳眇瞎之类。不以言例及己之所长⑮。己有武力，不举虓虎之伦。说直说变⑯，无所畏恶。通材平释，信而后谏，虽触龙鳞⑰，物无害者。采虫声之善音，不以声丑弃其善曲。赞愚人之偶得。不以人愚废其嘉言。夺与有宜，去就不留⑱。方其盛气⑲，折谢不吝⑳。历避锐跌，不惜屈挠。方其胜难，胜而不矜。理自胜耳，何所矜也。心平志谕，无适无莫㉑，付是非于道理，不贪胜于求名。期于得道而已矣㉒。是可与论经世而理物也㉓。旷然无怀，委之至当，是以世务自经，万物自理。

【注释】

①名物：辨明物理。汉董仲舒《春秋繁露·实性》：“《春秋》别物之理以正其名，名物必各因其真。”

②构架：结架材木，指建筑。引申为运筹决策，构思设计。

③权捷：应变能力强。

④持论：立论，提出并坚持自己的主张。

⑤推彻：推倒，拆毁。此指在理论上摧垮对方。

⑥贸说：擅长论辩。

⑦相是：互相肯定。

⑧众人：一般的人。《孟子·告子下》："君子之所为，众人固不识也。"

⑨尚人：居于人之上。尚，同"上"。

⑩先人：居于人之前。

⑪不务：不以……为能事。

⑫写：倾泻。汉董仲舒《春秋繁露·考功名》："其为天下除害也，若川渎之写于海也。"

⑬自任：自信。

⑭不以事类犯人之所姻：不用类似的事冒犯别人，引起别人的嫉恨。姻，嫉恨。

⑮不以言例及己之所长：不用比喻的词语涉及自己的长处。

⑯说直：劝说正直刚毅的人。说变：劝说权变诡诈的人。

⑰触龙鳞：触动龙的逆鳞。据说龙非常温柔，可以骑在它的背上。但其脖子上有一处鳞为逆鳞，不能触动，否则，将被龙所杀死。见《韩非子·说难》。后以"触龙鳞"称冒犯皇上。

⑱去就不留：离开和留下都不迟疑。留，拖延，迟滞。《后汉书·何进传》：（袁）绍惧（何）进变计，乃胁之曰："交构已成，形势已露，事留变生，将军复欲何待，而不早决之乎？"

⑲方：正当，正在。《左传·定公四年》：晋荀寅求货于蔡侯，弗得。言于范献子曰："国家方危，诸侯方贰，将以袭敌，不亦难乎！"

⑳折谢不吝：不惜弯腰致歉。即刘廙在下文所说"历避锐跌，不惜屈挠"。

㉑无适无莫：没规定该如何，也没规定不该如何。指在坚持一定目标下，善用灵活权宜手段。《论语·里仁》："子曰：'君子之于天下也，无适也，无莫也，义之与比。'"朱熹集注："适，专主也。《春秋传》曰'吾谁适从'是也。莫，不肯也。比，从也。谢氏曰：'适，可也。莫，不可也。无可无不可，苟无道以主之，不几于猖狂自

悠乎？'"

㉒期：期望。

㉓经世：治理国事。理物：治理事物。

【译文】

因此听力敏锐得能分辨声音大小细微差别的人，称为名物之才。思虑深远得能够追溯到事物开端的人，称为构架之才。眼光敏锐得能够察觉到事物变化先兆的人，称为达识之才。言辞巧妙得能够表达心中想法的人，称为赡给之才。处事敏捷得能够弥补一时失误的人，称为权捷之才。防守坚强得能够挡住论敌进攻的人，称为持论之才。进攻凌厉得能够战胜严密防守的人，称为推彻之才。争夺巧妙得能够用对方弱点制服对方，称为贸说之才。通才就是兼备上述八种才能的人，他们能够遵循事物的规律发挥这些才能。他们和通才交谈，则理解相同心里明白。同就是互相肯定，是心灵相通。和一般人交谈，则察言观色并顺从他们的性情。对声色俱厉者，避免触其短处。他们虽然明白并掌握众多的道理，但不因此而居人之上。始终怀着谦下的态度，所以能站在上风。他们虽聪明而富有天资，却不因此而居人之先。始终怀着谦退的态度，所以能处在前头。美言出于己口，道理讲充分就适可而止。道理讲通则止，不以繁词冗言为能事。别人出现低下的错误，看到这些错误也不去逼迫追究。见别人的过失，应当避而不谈。替别人抒发情怀，帮助别人发挥才干。赞许他人的才能，那么人人就会有自信。不用类似的事冒犯别人，引起别人的嫉恨。姻，胡故反切。例如与盲人谈话不避讳眇瞎之类。不用比喻的词语涉及自己的长处。自己有武力，不举骁勇的例子。无论劝说正直刚毅的人还是劝说权变诡诈的人，都无所畏惧无所厌恶。通才之人评论事物阐释观点，把"信"放在首位，即使冒犯皇帝，也不会受到危害。从鸣虫的叫声中获得美的声音，不因为其声音难听而丢弃其美妙的旋律。对愚笨之人的偶然发现给予赞许。不因其愚笨而废弃其善言妙语。获得和给予都恰到好处，离开或留下都毫不迟疑。当他气势旺盛之际，也能不惜弯腰致歉。力求避免在其锐气下受挫,不惜弯腰致歉。当他战胜论敌的时候,也能做到胜而不骄傲。有理自然取胜,不需要矜傲。心气平和志向明确,在坚持一定目标下,善用灵活权宜手段,用道理去判别是非,不为虚名而贪图取胜。只期望能够掌握事理而已。这种人就可以与他谈论治理国事管理民众的道理了。心胸广阔,把人才放在最恰当的位置,所以各种事物就会处理得井井有条。

材能第五

材能大小，其准不同。量力而任，所任乃济。

【题解】

本章探讨人才与能力的关系。人才是一个专门术语，担任高级职务的是人才，担任低级职务的也是人才。人才是各种各样的，是因为他们所具有的能力是各种各样的。人才的能力有大有小，是因为人的才智有高有低。人才既然类型不同，能力大小各异，因此把他们放在合适的位置上，才能使他们的能力充分发挥出来，从而给国家的治理带来好处。如果把他们放错位置，就是使用人才不当，会给国家带来灾难。例如实行威慑刚猛政治的人适合讨伐叛乱，让他们治理善良的百姓，就会对百姓残暴不仁。君主的职责是发现人才，把他们放到适当的位置，以使他们的才能充分得到发挥，从而使国家得到有效的治理。

刘昺注译文：评价才能大小，标准不同。根据其能力去任用，他才能完成所赋予的任务。

或曰①："人材有能大而不能小，犹函牛之鼎不可以烹鸡②。"愚以为此非名也③。夫人材犹器，大小异，或者以大鼎不能烹鸡，喻大材不能治小，失其名也。夫能之为言，已定之称。先有定质，而后能名生焉。岂有能大而不能小乎？凡所谓能大而不能小，其语出于性有宽急。宽者弘裕，急者急切。性有宽急，故宜有大小。宽弘宜治大，急切宜治小。宽弘之人，宜为郡国④，使下得施其功⑤，而总成其事。急切则烦碎，事不成。急小之人⑥，宜理百里⑦，使事办于己。弘裕则网漏，庶事荒矣。然则郡之与县，异体之大小者也⑧。明能治大郡则能治小郡，能治大县亦能治小县。以实理宽急论辨之，则当言大小异宜，不当言能大不能小也。若能大而不能小，仲尼岂不为季氏臣⑨？若夫鸡之与牛，亦异体之小大也，鼎能烹牛亦能烹鸡，铫能烹鸡不能烹犊⑩。故鼎亦宜有大小。若以烹犊，则岂不能烹鸡乎？但有宜与不宜，岂有能与不能？故能治大郡，则亦能治小郡矣。推此论之，人材各有所宜，非独大小之谓也。文者理百官，武者治军旅。

【注释】

①或：有的人。

②函：包含，容纳。

③名：形容。《论语·泰伯》："大哉，尧之为君也！巍巍乎，唯天为大，唯尧则之！荡荡乎，民无能名焉！"朱熹《集注》："言物之高大，莫有过于天者，而独尧之德能与之准。故其德之广远，亦如天之不可以言语形容也。"

④为：治理。郡国：郡与国，二者是同级地方行政单位。秦行郡县制度，汉承秦制，同时又分封同姓诸国。国分封诸王、侯，封王之国称王国，封侯之国称侯国。南北朝仍沿郡、国并置之制，至隋始废国存郡。此处郡国指郡级行政单位。

⑤使下得施其功：使用下属让他们发挥才干。

⑥急小之人：性情急躁气度狭小的人。

⑦百里：指一县。

⑧异体之大小：物体大小的差异。

⑨仲尼岂不为季氏臣：孔子大概不会做季氏的家臣了。岂，同"其"，表示推测。孔子曾经做过季氏主管仓库的小吏。

⑩铫：小锅。

【译文】

有人说："人才能任高级职务不能任低级职务，就像煮牛的鼎不能用来烹鸡一样。"我认为这个形容是不对的。人的才能就像器皿，有大小的差别，有人认为大鼎不能烹鸡，比喻大才不能做小事，这就失去才能的本意了。才能成为一个词，已经形成了一个专门的术语。先确定性质，然后产生名分。怎么能有可以担任高级职务不能担任低级职务的人才呢？凡是人们所说的能担任高级职务不能担任低级职务，是从性情有宽宏有急狭的意义上说的。性情宽缓者宽宏，性情急狭者急切。性情有宽缓有急狭，所以其任职应该有高有低。宽宏者适宜做大事，急切者适宜做小事。宽宏的人，适合于治理郡国，这样的人能够使用下属让他们发挥才干，而自己总揽全局完成郡国长官的职责。性急切者繁琐细碎，不能成大事。性情急躁气度狭小的人，适合于治理一个县，使各种事物都由自己亲自完成。性情宽宏者疏漏甚多，小事就会荒废。然而一个郡和一个县，只是区域的大小不同而已。明显地能治理大郡就能治理小郡，能治理大县就能治理小县。从实际治理与性情宽急关系的角度去论说，则应当说适宜治理地方大小的差别，不应当说能治理大地方不能治理小地方。如果能做大事不能做小事，孔子或许不该做季氏家臣了。至于鸡和牛的关系，也是物体大小的区别，鼎能烹煮牛也能烹煮鸡，小锅能烹煮鸡不能烹煮小牛。所以鼎也应该有大有小。如果鼎能够用来煮牛，那么难道不能用来煮鸡吗？只有适合与不适合的区别，怎么会有能与不能之分呢？所以能够治理大郡的人，也能够治理小郡。因此也可以推而论之，人才各有其适宜担当的职位，不能只用大小高低去概括。文者治理百官，武者治理军队。

夫人材不同，能各有异。有自任之能^①；修己洁身，总御百官。有立法使人从之之能；法悬人惧，无敢犯也。有消息辨护之能^②；智意辨护，周旋得节^③。有德教师人之能^④；道术深明，动为物教。有行事使人谴让之能^⑤；云为得理，义和于时。有司察纠摘之能^⑥；督察是非，无不区别。有权奇之能^⑦；务以奇计，成事立功。有威猛之能。猛毅昭著，振威敌国。

【注释】

①自任：自我修养洁身自好。即下文刘昺所说"修己洁身"。

②消息：变化。此指在变化中周旋自如。辨护：治理修护。此指用智谋权术治理修护政事及制度。

③得节：掌握法度。

④师人：让人效法。

⑤行事：出使之事。使人：使节。谴让：谴责，责备。

⑥司察：督察，即下文刘昺所说"督察是非"。纠摘：检举揭发。

⑦权奇：用奇谋妙计建立功业。

【译文】

人才各有不同，才能也各有其异。有的人才有自我修养洁身自好的才能；自我修养洁身自好，统领百官。有的有建立法律制度使人服从的才能；立法使人畏惧，无人敢触犯。有的有在变化中周旋自如，用智谋权术治理修护政事的才能；智谋权术治理修护政事及制度，在各种事物运转中掌握法度。有的有以德教人让人效法的才能；深通策略方法，实施教化。有的有充任使节对别国进行谴责的才能；说话有理，符合当时道义。有的有督察是非检举揭发的才能；进行督察，对任何事分辨是非。有的有用奇谋妙计建功立业的才能；以奇谋妙计为务，建立功业。有的有勇猛刚毅震慑敌国的才能。以勇猛刚毅著称，威震敌国。

　　夫能出于材,材不同量。材能既殊,任政亦异。是故自任之能,清节之材也。故在朝也,则冢宰之任,为国则矫直之政①。其身正,故掌天官而总百揆②。立法之能,治家之材也③。故在朝也,则司寇之任,为国则公正之政。法无私,故掌秋官而诘奸暴④。计策之能,术家之材也。故在朝也,则三孤之任,为国则变化之政。计虑明,故辅三槐而助论道。人事之能,智意之材也。故在朝也,则冢宰之佐,为国则谐合之政⑤。智意审⑥,故佐天官而谐内外。行事之能,遣让之材也。故在朝也,则司寇之佐,为国则督责之政。辨众事,故佐秋官而督傲慢。权奇之能,伎俩之材也。故在朝也,则司空之任,为国则艺事之政⑦。伎俩巧,故任冬官而成艺事。司察之能,臧否之材也。故在朝也,则师氏之佐,为国则刻削之政⑧。是非章,故佐师氏而察善否⑨。威猛之能,豪杰之材也。故在朝也,则将帅之任,为国则严厉之政。体果毅,故总六师而振威武⑩。

【注释】

①矫直:矫正弯曲使之变直。此指矫正邪僻,使归正直。

②百揆(kuí):各种政务。

③治家:本书《流业第三》中有"法家之才,司寇之任也"的句子。这里的"治家",也有"司寇之任"。可见这里的"治家"应为"法家"。

④秋官:《周礼》六官之一,掌刑狱。

⑤谐合:和谐,和睦。

⑥审:明白,清楚。《汉书·司马迁传》:"由此言之,勇怯,势也;强弱,形也,审矣!"

⑦艺事:技艺。《尚书·胤征》:"官师相规,工执艺事以谏。"孔安国

传:"百工各执其所治技艺以谏。"

⑧刻削:苛刻严酷。

⑨师氏:周官名。掌辅导王室,教育贵族子弟以及朝仪得失之事。
　善否:善恶,好坏。

⑩六师:周天子所统六军之师。《尚书·康王之诰》:"张皇六师,无
　坏我高祖寡命。"曾运乾正读:"六师,天子六军。周制一万二千
　五百人为师。"后以为天子军队之称。

【译文】

　　人的能力出于才智,才智又有大小的不同。人的才能既然有大小的不同,其所承担的国家的政事也有所差异。所以具备修身自好能力的人,是清节家之才。所以他在朝廷,则会担任宰相,治理国家则实行矫正邪僻提倡正直的政治。其身正,所以任冢宰而总理全国政务。具有建立法律制度使人遵守法律能力的人,是法家之才。所以他在朝廷,则会担任司寇的职务,治理国家则会实行公正无私的政治。法无私,所以负责刑狱查办奸佞强暴。具有谋划奇计妙策能力的人,是术家之才。所以他在朝廷,则会担任三孤,治理国家则会实行灵活顺势的政治。明于计谋思虑,所以辅佐宰相帮助他讨论治国方法。具有通晓人情事理才能的人,是智意之才。所以他在朝廷,则会担任宰相的副手,治理国家则会实行和谐融洽的政治。懂得权谋,所以辅佐宰相和谐内外。具有使节才能的人,是谲让之才。所以他在朝廷,则会担任司寇的副手,治理国家则会实行督察问责的政治。能办众事,所以辅佐司寇督查怠慢政事者。具有奇思妙想能力的人,是伎俩之才。所以他在朝廷,则会担任司空,治理国家则会实行推崇技艺的政治。技艺精巧,所以任司空负责技艺工作。具有监察检举能力的人,是臧否之才。所以他在朝廷,会担任师氏副手,治理国家则会实行苛刻严酷的政治。是非彰显,所以负责辅佐师氏督查善恶。具备威武勇猛能力的人,是豪杰之才。所以他在朝廷,会担任将帅,治理国家则会实行严肃厉害的政治。雄果刚毅,所以统帅国家军队振扬国威。

凡偏材之人，皆一味之美。譬饴以甘为名①，酒以苦为实。故长于办一官，弓工揉材而有余力②。而短于为一国。兼掌陶冶器不成矣。何者？夫一官之任，以一味协五味③。盐人调盐，醢人调醢④，则五味成矣。譬梓里治材⑤，土官治墙，则厦屋成。一国之政，以无味和五味⑥。水以无味，故五味得其和。犹君体平淡，则百官施其用。又国有俗化⑦，民有剧易⑧，五方不同，风俗各异，土有刚柔，民有剧易。而人材不同，故政有得失。以简治易则得，治烦则失。是以王化之政宜于统大，易简而天下之理得矣。以之治小，则迂⑨。网疏而吞舟之奸漏⑩。辨护之政宜于治烦⑪，事皆辨护，烦乱乃理。以之治易⑫，则无易。甚于督促民不便也。策术之政，宜于治难，权略无方，解释患难。以之治平，则无奇。术数烦众，民不安矣。矫抗之政⑬，宜于治侈⑭，矫枉过正⑮，以厉侈靡。以之治弊⑯，则残⑰。俗弊治严，则民残矣。谐和之政宜于治新，国新礼杀⑱，苟合而已⑲。以之治旧，则虚⑳。苟合之教，非礼实也。公刻之政宜于纠奸，刻削不深㉑，奸乱不止。以之治边，则失众。众民惮法，易逃叛矣。威猛之政宜于讨乱，乱民桀逆㉒，非威不服。以之治善，则暴㉓。政猛民残，滥良善矣㉔。伎俩之政宜于治富，以国强民，以使富饶。以之治贫，则劳而下困㉕。易货改铸㉖，民失业矣。故量能授官㉗，不可不审也㉘。凡此之能，皆偏材之人也。故或能言而不能行，或能行而不能言。智胜则能言，材胜则能行。至于国体之人，能言能行，故为众材之隽也。

【注释】

①饴:糖。

②揉:使木弯曲或伸直。

③以一味协五味:官员各司其职,合力获得治国成就。

④醯(xī):醋。

⑤梓:梓人,古代木工。

⑥以无味和五味:国君用具有普遍意义的方法,调动百官的能动性。

⑦俗化:习俗教化。

⑧剧易:激烈平和。

⑨迂:不合时宜,不切实际。

⑩吞舟:可以吞下舟船的大鱼。《庄子·庚桑楚》:"吞舟之鱼,砀而失水,则蚁能苦之。"此比喻大奸大恶。

⑪烦:烦乱。

⑫易:安定,平安。《礼记·中庸》:"故君子居易以俟命,小人行险以徼幸。"郑玄注:"易,犹平安也。"

⑬矫抗:与众违异,以示高尚。三国魏嵇康《卜疑集》:"尊严其容,高自矫抗。"

⑭侈:奢侈,奢靡。

⑮矫枉过正:指纠正偏差而超过应有的限度。《后汉书·仲长统传》:"逮至清世,则复入于矫枉过正之检。"

⑯弊:弊病,此指民俗之弊。

⑰残:此指百姓受到残害。

⑱礼杀:礼制衰减。

⑲苟合:凑合。

⑳虚:虚假不实。

㉑刻削:严酷。

㉒桀逆：凶暴忤逆。

㉓暴：此指暴政残害百姓。

㉔滥良善：使良善之民受冤屈。

㉕劳而下困：徒劳无功使百姓困苦不堪。

㉖货：货币。《周礼·秋官·职金》："掌受士之金罚、货罚，入于司兵。"郑玄注："货，泉贝也。"

㉗量（liáng）能授官：根据才能授予官位。量，衡量，根据。

㉘审：慎重。《吕氏春秋·音律》："审民所终。"高诱注："审，慎。"

【译文】

大凡偏才的人，全都是只有一种特长。譬如糖以甘为名称，酒以苦为实质。所以偏才在一个具体职位上能够发挥其长处，制弓的工匠处理木材游刃有余。而放在治理国家的重任上则会显出其短处。同时兼做陶器就做不成了。为什么这样说呢？偏才在一个具体职位上，会和其他的人合力获得治国的成就。掌盐的调制咸味，掌醋的调制酸味，则五味可以调成。就像木工制木，土工制墙，则房屋可以建成。而治理国家的重任，则要求用具有普遍意义的方法调动百官的能动性。因为水没有味道，所以能够调和五味。就像国君体行平淡，则百官可以发挥各自作用。再有，一个国家中有习俗影响和教育感化的不同，百姓有激烈和平和的不同，各地方风俗不同，地力有强有弱，民风有激烈有平易。而人才的各种能力不同，所以用他们执政就会有得有失。用简单治理平易则成功，用简单治理繁多则失败。所以实行用王道教化政治的人适合统理国家大政，平易简约能获得天下之至理。用他们治理小事，就是不合时宜，不切实际。法网稀疏则大奸巨猾会逍遥法外。实行用智谋权术治理修护政事的人适合治理纷乱，事物全都得到整治，繁琐混乱得到理顺。让他们治理安定局面，则会失去安定。督促过严，百姓感到不便。实行权术谋略政治的人适合治理危难局面，权术谋略没有固定之法，所以能够排除祸患解除危难。让他们治理常态局面，则不会出现奇迹。治理手段繁多，百姓不安。实行与众不同政治的人适合治理奢侈，用超过限度的手段，整饬侈靡之风。让他们治理民俗的弊端，则会使百姓受到摧残。习俗落后而整治过严，则百姓会受到残害。实行谐和政治的人适合治理新创立的局面，新政权礼制衰减，只是凑合而已。让他们治理旧局面，则会造成虚假不实。凑合的教化，徒有礼仪之名，没有礼仪之实。实行公正苛刻政治的人适合纠察奸佞狡诈，严酷不够，奸乱之行不止。让他们治理边境地区，就会造成百姓逃亡。民众惧怕严法，容易叛逃。实行威慑刚猛政治的人适合讨伐叛乱，乱民凶暴忤逆，不严厉不能制服。让他们治理善良的百姓，就会对百姓残暴不仁。治理严猛人民受害，良善蒙受冤屈。实行推崇技艺政治的人适合治理富足的地区，以技艺使国强民富。让他们治理贫瘠的地区，则会徒劳无功使百姓困苦不堪。改换钱币，人民失去生计。所以应当根据才能授官，对此不可不谨慎行事。具有以上种种才能的人，都是偏才。有的人能说不能做，有的人能做不能说。有智谋之长则擅长言辞，以技能见长的人则善于行动。至于兼备多种才能的国家栋梁之才，能言能行，所以是众多人才中的杰出人物。

人君之能①，异于此。平淡无为，以任众能。故臣以自任为能②，竭力致功，以取爵位。君以用人为能。任贤使能，国家自理。臣以能言为能③，各言其能，而受其官。君以能听为能④。听言观行，而授其官。臣以能行为能⑤，必行其所言。君以能赏罚为能。必当其功过也⑥。所能不同，君无为而臣有事。故能君众材也⑦。若君以有为代大匠斫⑧，则众能失巧功不成矣。

【注释】

①人君之能：指任用群才的君主，怀有不偏不倚的中庸平淡之心，发挥各种人才的能力。

②自任：用自己的能力去建功立业，取得官爵。

③臣以能言为能：臣子以能介绍自己的才能为长处。

④君以能听为能：君主以能听臣下之言观臣下之行为长处。

⑤臣以能行为能：臣子以能实践自己所说为长处。

⑥当：承担。《庄子·让王》："大王反国，非臣之功，故不敢当其赏。"

⑦君：统辖，主宰。

⑧斸：砍，削。

【译文】

君主的能力，与上述所说不同。用平淡无为使用众人的才能。所以臣子以用自己的能力去建功立业为长处，用竭力建功来取得爵位。君主以任用贤才发挥他们的能力为长处。任用贤能之人，国家自然得到治理。臣子以能介绍自己的才能为长处，各自表现才能，接受相应的官位。君主以能听臣下之言，观臣下之行为长处。听其言观其行，然后授其官位。臣子以能实践自己所说为长处，必定按所说去做。君主以能对人才功过进行赏罚为长处。必定使其承担功劳和过错的后果。臣子与君主的长处不同，君主无为而臣子做事。所以君主能统辖驾驭众多的人才。如果君主有为，代替木匠挥斧砍削，则众多能人失去施展才能的机会，功业就建不成了。

利害第六建法陈术以利国家，及其弊也害归于己。

【题解】

本章把清节家、法家、术家、智意家、臧否家、伎俩家等六类具体人才作为研究对象，分析了他们各自的长处和短处，他们被任用前的表现和被任用后的作用，他们所进行的事业顺利程度与所遇的阻碍，他们的最终结果等等。

刘昞注译文：制法律献权术以利于国家，但其产生的弊病也有害于制法献术者。

　　盖人业之流，各有利害。流渐失源，故利害生。夫节清之业著于仪容①，发于德行，心清意正，则德仪外著。未用而章，其道顺而有化。德辉昭著，故不试而效。效理于人，故物无不化。故其未达也，为众人之所进②；理顺则众人乐进之。既达也，为上下之所敬。德和理顺，谁能慢之？其功足以激浊扬清③，师范僚友。其为业也无弊而常显，非徒不弊，存而有显。故为世之所贵。德信有常，人不能贱。

【注释】

①节清:《墨海金壶·人物志》、《龙溪精舍丛书·人物志》均为"清节"。

②为:被。

③激浊扬清:本指冲去污水,浮起清水。后用以喻斥恶奖善。

【译文】

各种人才功业的流变过程中,都表现出长处和短处。人才功业的流变渐渐远离源头,所以产生利与害。清节家的功业表现在行为举止上,而这些举止都是来自于自身的道德品行,心意清净端正,就会德仪显著。这些道德品行在他们未被任用之前就十分明显,他们的道德顺应人心而具有教化功能。德仪显著,所以不经试验就产生效果。有效之理教育百姓,所以没有不能教化的人。所以当他们没有显达的时候,就被众人所举荐;顺应道理者众人乐意推荐。显达之后,被上下所敬仰。德和理顺,谁能忽略轻视?他们的作用足以扬善抑恶,成为同僚友人的典范被效法。他们所进行的事业没有什么弊病反而功德显赫,不但没有弊病,反而功德显赫。所以被世人所敬重。坚持德信,任何人都不能轻贱。

法家之业,本于制度,待乎成功而效①。法以禁奸,奸止乃效。其道前苦而后治②,严而为众。初布威严,是以劳苦。终以道化,是以民治。故其未达也,为众人之所忌;奸党乐乱,忌法者众。已试也③,为上下之所惮④。宪防肃然⑤,内外振悚。其功足以立法成治,民不为非,治道乃成。其弊也为群枉之所仇⑥,法行宠贵,终受其害。其为业也,有敝而不常用⑦,明君乃能用之强,明不继世,故法不常用⑧。故功大而不终⑨。是以商君车裂⑩,吴起支解⑪。

【注释】

①待乎成功而效：等到成功以后才能见到功效。

②前苦而后治：开始建立威严的时候有个艰苦的过程，威严建立后才收到治理的效果。

③试：任用。《诗·小雅·大东》："私人之子，百僚是试。"毛亨传："是试，用于百官也。"

④惮：畏惧。

⑤宪防：法令，禁律。

⑥枉：弯曲，不正。《荀子·王霸》："辟之是犹立直木而求其景之枉也。"引申为不合正道的邪僻之人。

⑦敝：丢弃，弃置。《礼记·郊特牲》："冠而敝之可也。"陆德明《释文》："敝，弃也。"

⑧"明君乃能用之强"三句：法家只被明君所用，但明君不常有，所以法家也不被常用。

⑨终：善终，好的结果。

⑩商君：即商鞅。战国时卫国人，姬姓公孙氏，名鞅，故又称卫鞅、公孙鞅。好刑名之学，帮助秦孝公变法。孝公死后，因遭诬陷，举兵反抗，兵败被杀，其尸被车裂。

⑪吴起：战国时卫国人，少年学习兵法，初仕鲁君，因鲁君多疑而投奔魏国，又因受排挤而投楚国。在楚国实行变法，富国强兵。后楚国宗室大臣作乱，吴起死于乱中。

【译文】

法家的功业，以建立国家的法律制度为其根本，等到成功以后才能见到他的功效。以法令禁止奸佞，奸佞止息法见成效。法家开始建立威严的时候有个艰苦的过程，威严建立后才可收到治理的效果。法家建立威严是为了对付大众。刚开始建立威严，所以劳苦。最后以道化众，所以百姓得到治理。所以他未显达的时候，被众人所忌恨；奸党喜欢作乱，众多人忌恨法令。被任用以后,上下之人都会对他产生畏惧。法禁严肃,内外震惊。**法家的作用足以建立法律的威严成就国家的治理,民不为非,治道成功。他的短处是被众多的邪僻之人所憎恨。对宠臣贵族用法,最后受到他们迫害。他们所进行的事业,有时被搁置而不被常用,明君能使用他们的强干,明君不是代代都有,所以法家不常被任用。所以往往功大却不能善终。所以商鞅遭到车裂,吴起被肢解而死。**

　　术家之业,出于聪明,待于谋得而章①。断于未行,人无信者,功成事效而后乃章也。其道先微而后著②,精而且玄。计谋微妙,其始至精,终始合符,是以道著。其未达也,为众人之所不识。谋在功前,众何由识?其用也,为明主之所珍。暗主昧然,岂能贵之?其功足以运筹通变③。变以求通,故能成其功。其退也④,藏于隐微⑤。计出微密,是以不露。其为业也,奇而希用⑥。主计神奇,用之者希也。故或沉微而不章⑦。世希能用,道何由章?

【注释】

①谋得而章:谋略成功以后作用才得以彰显。得,成功。《韩非子·外储说右下》:"一曰:苏代为秦使燕,见无益子之,则必不得事而还,贡赐又不出,于是见燕王,乃誉齐王。"

②道:政治主张或思想体系。《论语·卫灵公》:"道不同,不相为谋。"

③运筹通变:筹划谋略通达变化。

④退:退位,离开职位。

⑤藏于隐微:指计谋和谋略的深藏不露。

⑥希:同"稀",稀少。

⑦沉微：深藏。

【译文】

　　术家的功业,以聪明敏锐思虑深远为其根本,等待谋略成功以后作用才得以彰显。还未实行已有判断,所以没有人相信,事情成功效果显现作用才得以彰显。他的思想体系有一个从隐微到显著的过程,精妙而且玄远。计谋微妙,开始就极为精细,始终如一,所以彰显其道。他没显达的时候,不被众人所认识。定谋在成功之前,众人怎能认识? 他发挥作用的时候,又被英明的君主所珍爱。昏君愚昧,怎能以之为贵? 他的作用足以筹划谋略通达变化。以变求通,所以能成功。他离开职位的时候,计谋和谋略便深藏不露。谋划时非常机密,所以不暴露。他所从事的事业,因神奇而很少被人所用。计谋神奇,所以用之者少。所以有的人便深藏而不显露。世上用者少,怎能彰显其道?

　　智意之业,本于原度①,其道顺而不忤②。将顺时宜,何忤之有? 故其未达也,为众人之所容矣。庶事不逆,善者来亲。已达也,为宠爱之所嘉③。与众同和,内外美之。其功足以赞明计虑,媚顺于时,言计是信也。其敝也,知进而不退,不见忌害,是以慕进也。或离正以自全。用心多媚,故违于正。其为业也,谞而难持④,韬情谞智,非雅正之伦也。故或先利而后害。知进忘退,取悔之道。

【注释】

①原度：追溯源头揣度变化。

②忤：违逆,抵触。《庄子·刻意》：“无所于忤,虚之至也。”成玄英疏：“忤,逆也。”

③嘉：喜欢,嘉许。

④谞(xū)而难持:传授运用才智而难以自保。谞,才智。持,守,保
持。《左传·昭公十九年》:"楚不在诸侯矣,其仅自完也,以持其
世而已。"杨伯峻注:"持,守也,保也。"

【译文】

智意家的功业,以追溯源头揣度变化为其根本,他的这套方法顺合
时宜而不与之抵触。顺从时宜,有什么可抵触的?所以他还没显达的时
候,就已经被众人所接受。许多事都不违逆,善良者来亲。当他显达以后,
又被宠爱他的人所喜欢。与众人彼此和谐,内外以之为美。他的作用足以
帮助贤明的君主制定策略,顺应时势,君主对其言听计从。他的毛病,在于
只知进身而不知道引退,不被忌害,所以思慕进身。有的时候还离开正道
以保全自己。把心思多用于媚上,所以偏离正道。他所从事的事业,是运用
才智但难以自保,隐藏真情,进献才智,非方正之辈。所以有的人开始获利
而后来却招致祸害。知进忘退,自取懊悔。

臧否之业,本乎是非,其道廉而且砭①。清而不杂,砭去纤
芥②。故其未达也,为众人之所识。清洁不污,在幽而明。已达
也,为众人之所称③。业常明白,出则受誉。其功足以变察是
非④,理清道洁,是非不乱。其敝也,为讦诃之所怨⑤。讦诃之
徒,不乐闻过。其为业也,峭而不裕⑥,峭察于物,何能宽裕?故
或先得而后离众。清亮为时所称,理峭为众所惮。

【注释】

①砭:用石针刺穴治病。引申为批评。
②纤芥:细微。纤,细。《尚书·禹贡》:"厥篚玄纤缟。"孔安国传:
　"纤,细也。"芥,本以为小草,引申为细小事物。
③称:称誉。《管子·大匡》:"凡于父兄无过,州里称之,吏进之,君

用之。"房玄龄注："无过于父兄,见称于州里,吏进此人,君必用之。"

④变:同"辨"。《商君书·禁使》："夫物至则目不得不见,言薄则耳不得不闻;故物至则变,言至则论。"蒋礼鸿《锥指》："变、辨字通。"

⑤诋诃:诋毁,指责。此指诋毁法家的人。怨:恨。

⑥峭而不裕:严厉苛刻不能宽容。峭,严厉苛刻。《韩非子·五蠹》："故明王峭其法而严其刑也。"

【译文】

　　臧否家的功业,以评判是非为其根本,他主张自身的廉洁而去批评别人的错误。清而不杂,一点杂质都要除去。所以他没有显达的时候,就被众人所认识。清洁不受污染,即使在低微之时也光明磊落。当他显达的时候,就被众人所称誉。长久光明清白,显达时则受到赞誉。他的作用足以明辨是非曲直,理清道洁,是非不混淆。他的不利之处,就是被那些诋毁之徒所痛恨。诋毁之徒,不乐意听到别人指出自己的过失。他所从事的事业,严厉苛刻而不能宽容,严格查处,怎能宽容? 所以开始的时候能够取得众人的支持而最后却离众人越来越远。清廉亮节受人称赞,严峻无情使众人畏惧。

　　伎俩之业,本于事能①,其道辨而且速②。伎计如神,是以速辨。其未达也,为众人之所异③。伎能出众,故虽微而显④。已达也,为官司之所任⑤。遂事成功,政之所务。其功足以理烦纠邪,释烦理邪,亦须伎俩。其敝也,民劳而下困。上不端而下困。其为业也,细而不泰⑥,故为治之末也。道不平弘,其能大乎?

【注释】

①能：技能。

②辨：同"办"。

③为众之所异：被众人视为技能突出。

④虽微而显：虽然寒微但因技能出众而位至显贵。微，寒微。显，显贵。

⑤官司：官府。多指政府的主管部门。晋葛洪《抱朴子·酒诫》："人有醉者相杀，牧伯因此辄有酒禁，严令重申，官司搜索。"

⑥泰：大。《尚书·泰誓上》孔安国解释"泰誓"说："大会以誓众。"孔颖达疏："经云'大会于孟津'，知名曰'泰誓'者，其大会以示众也。"

【译文】

伎俩家的功业，以从事技能性的工作为其根本，他主张通过技巧不但把事办成而且还要迅速。技巧如神，所以工作完成得迅速。当他没有显达的时候，就被众人看作技能突出的人。技能出众，所以即使卑微时也很突出。显达之后，就被政府的主管部门所任用。行政所追求的就是把事情办成。他的作用足以处理纷繁的事务匡正邪僻，除去繁琐治理邪恶，也需要手段。他的弊端，在于使民众疲弊下属困顿。上不端正下则受苦。他所从事的事业，细小而不宏大，所以是治国之术的细枝末节。不能使治国之道平坦宽大，怎能成为政治之首呢？

接识第七 推己接物，俱识同体。兼能之士，乃达群材。

【题解】

接识就是通过与别人接触交往识别人才。在这个过程中，也容易发生种种偏颇。有的人只能以自己的观点和标准去观察和衡量别人，所以只能认识和自己同类的人才，认识不到与自己不同类人才的长处。要想广泛地认识人才，第一要摒弃自己固有的观点和标准，尽可能多地发现与自己不同类人才的长处。第二要经过长时间的观察。第三要避免偏才之人在与人接触时所容易犯的种种过失。

刘昞注译文：用自己的想法衡量别人，只能认识和自己同类的人才。兼有各种能力的人士，才能够认识各种人才。

夫人初甚难知，貌厚情深，难得知也。而士无众寡皆自以为知人。故以己观人，则以为可知也。己尚清节，则凡清节者，皆己之所知。观人之察人，则以为不识也。夫何哉？由己之所尚在于清节，人之所好在于利欲，曲直不同于他，便谓人不识物也。是故能识同体之善①，性长思谋，则善策略之士②。而或失异量之美③。遵法者虽美，乃思谋之所不取。何以论其然④？夫清节之人以正直为度，故其历众材也⑤，能识性行之常⑥，度在正直,故悦有恒之人⑦。**而或疑法术之诡。**谓守正足以致治,何以法术为也。**法制之人以分数为度⑧,故能识较方直之量⑨**,度在法分,故悦方直之人。**而不贵变化之术。**谓法分足以济业,何以术谋为也。**术谋之人以思谟为度⑩,故能成策略之奇**,度在思谟,故贵策略之人。**而不识遵法之良。**谓思谟足以化民,何以法制为也?**器能之人以辨护为度,故能识方略之规⑪**,度在辨护,故悦方计之人。**而不知制度之原⑫。**谓方计足以立功,何以制度为也?**智意之人以原意为度⑬,故能识韬谞之权⑭**,度在原意,故悦韬谞之人。**而不贵法教之常。**谓原意足以为正,何以法理为也?**伎俩之人以邀功为度⑮,故能识进趣之功⑯**,度在邀功,故悦功能之人。**而不通道德之化。**谓伎能足以成事,何以道德为也?**臧否之人以伺察为度⑰,故能识诃砭之明**,度在伺察,故悦谴诃之人⑱。**而不畅倜傥之异⑲。**谓谴诃乃成教,何以宽弘为也?**言语之人以辨析为度,故能识捷给之惠⑳**,度在剖析,故悦敏给之人。**而不知含章之美㉑。**谓辨论事乃理,何以含章为也?

【注释】

①能识同体之善:能够认识同类人才的长处。

②"性长思谋"二句:擅长思虑谋划的人,则与策略之人交好。长,擅长。善,与……交好。

③或失异量之美:有时认识不到不同类人才的长处。或,有时。

④然:这样,如此。《孟子·梁惠王上》:"河内凶,则移其民于河东,移其粟于河内。河东凶亦然。"

⑤历:经历,阅历。此引申为观察、审视之意。

⑥性行之常:性情行为恒常不变。

⑦"度在正直"二句：以正直为衡量人的标准，所以喜欢恒常不变之人。度，衡量标准。悦，喜欢。

⑧分数：法度，规范。《三国志·魏书·刘劭传》："文学之士嘉其推步详密，法理之士明其分数精比。"

⑨识较方直之量：认识比较出方直之人的才能。量，才能。《三国志·蜀书·诸葛亮传》："时左将军刘备以亮有殊量，乃三顾亮于草庐之中。"

⑩谟：谋略，计谋。《尚书·周书·君牙》："呜呼，丕显哉，文王谟。"孔安国传："叹文王所谋大显明。"

⑪识方略之规：《四库》本作"职方略之规"，《丛刊》本是，今从《丛刊》本改。

⑫原：本源，根本。

⑬原意：探究别人的本意。原，推究，考究，研究。《荀子·儒效》："俄而原仁义，分是非，图回天下于掌上而辨白黑，岂不愚而知矣哉！"

⑭韬谞(xū)：掩藏才谋。

⑮邀功：求取功劳。

⑯进趣：追求，求取。《后汉书·韦彪传》："安贫乐道，恬于进趣，三辅诸儒莫不慕仰之。"

⑰伺察：侦查，观察。

⑱谴诃：谴责呵斥。

⑲畅：同"长"。《诗经·秦风·小戎》："文茵畅毂，驾我骐馵。"毛传："畅毂，长毂也。"孔颖达疏："畅训为长，故为长毂，言长于大车之毂也。"此指擅长。

⑳捷给之惠：言辞敏捷反应迅速的聪慧表现。惠，通"慧"，聪慧。《晏子春秋·外篇》："夫智与惠，君子之事，臣奚足以知之乎？"

㉑含章：包含美质。《易·坤》："六三，含章可贞。"孔颖达疏："章，

　　美也。”

【译文】

　　人的性情的深处最初是很难知晓的,在深厚的情貌后面,所以难知。而读书人不论自己知识多少都认为自己有知人之明。所以看自己对人才的观察,则认为自己能够识别人才。自己崇尚清廉高节的人,则凡是清廉高节的人,都能被自己认知。看别人对人才的观察,则认为他不能够识别人才。这是为什么呢?因为自己崇尚清廉高节,别人喜好利益欲望,别人与自己不同,便说别人不识人物。这是因为人能够认识同类人才的长处,擅长思虑谋划则喜欢策略之士。有时却认识不到不同类人才的长处。遵纪守法虽好,却为思谋之士所不取。为什么这样说呢?清节之人用清正方直作为衡量他人的标准,所以当他审视众多的人才时,能够认识性情行为恒常不变的长处,以正直为审视标准,所以喜欢恒常不变之人。而有时却对方略计谋的欺诈产生疑惑。认为恪守正直足以能够治理,为什么要用法术呢?法制之人以法律规范作为衡量他人的标准,所以他能够认识比较出方正耿直之人的才能,以法规作为审视标准,所以喜欢正直的人。而不看重变化多端的谋略之术。认为法令足以完成大业,为什么要用术谋呢?术谋之人以深思熟虑谋划计略为衡量他人的标准,所以他能够评定计策方略的奇妙,以术谋作为审视的标准,所以以策略之人为贵。而不能认识遵守法度的好处。认为术谋足以教化民众,为什么用法治呢?器能之人以用智谋权术治理政事为标准,所以能够认识方略的规定,以辩护作为审视标准,所以喜欢方略计谋之人。而不知道制度的根本作用。认为方略计谋足以立业建功,为什么要制度呢?智意之人以探究符合别人的本意为衡量他人的标准,所以能认识隐藏机谋的权术,以探究本意为审视标准,所以喜欢韬晦之人。而不看重常规的法制教化。认为探究到本意足以为正,为什么要法理呢?伎俩之人以求取功劳作为衡量他人的标准,所以能认识追求进取的作用,以能否建功为审视标准,所以喜欢能立功之人。却不通晓道德的教化作用。认为技能足以办成大事,为什么要用道德呢?臧否之人以观察别人的短处为衡量他人的标准,所以能够认识指责批评的好处,以能否观察到别人之短为审视标准,所以喜欢谴责呵斥别人的人。却不以卓异突出不同寻常为长处。认为谴责呵斥就能达到教育目的,为什么要宽宏呢? 言语之人以辨别分析为衡量他人的标准,所以能认识言辞敏捷反应迅速的聪慧表现,以能否剖析为审视标准,所以喜欢敏捷之人。而不知道美质在内的好处。认为能够分析事物就可以,为什么要美质在内呢?

是以互相非驳①,莫肯相是②。人皆自以为是,谁肯道人之是? 取同体也,则接诒而相得③。性能苟同④,则虽胡越接响而情通⑤。取异体也,虽历久而不知。性能苟异,则虽比肩历年而逾疏矣⑥。凡此之类,皆谓一流之材也⑦。故同体则亲,异体则疏。若二至已上⑧,亦随其所兼,以及异数⑨。法家兼术,故能以术辅法。故一流之人,能识一流之善。以法治者,所以举不过法。二流之人,能识二流之美。体法术者⑩,法术兼行。尽有诸流,则亦能兼达众材。体通八流,则八材当位,物无不理。故兼材之人与国体同。谓八材之人始进陈言,冢宰之官察其所以。

【注释】

①是以:所以。非驳:非难反驳。

②是:肯定。

③接诒(hé):彼此投合。《说文·言部》:"诒,谐也。"相得:彼此投合。

④苟同:如果相同。

⑤胡越:胡人和越人。泛指北方和南方的古代少数民族。

⑥比肩:并肩。指在一起。

⑦一流之才:同一类的人才。即下文刘昞所说"同体则亲"。

⑧二至已上：通达两种才能以上。至，通，达。已，同"以"。

⑨异数：等次不同，程度不一。《左传·庄公十八年》："王命诸侯，名位不同，礼亦异数。"

⑩体：包含，兼有。祢衡《鹦鹉赋》："惟西域之灵鸟兮，挺自然之奇姿。体金精之妙质兮，合火德之明辉。"

【译文】

所以互相非难反驳，没有人肯定对方。人都自以为是，谁肯肯定别人？遇到与自己同类的人才，则讨论的时候观点彼此投合。性情如果相同，即使语言不通情也相连。遇到和自己不同类的人才，尽管在很长的时间内也互不相知。性情如果不同，即使常年在一起，也会越来越生疏。凡是以上所说，都可以称作只与同一类人才相通。所以同一类人亲近，不同类的人则疏远。如果通两种才能以上，也就随着他所兼备的才能，达到不同的等级。兼通法术，所以能以术辅法。所以只与同一类人才相通的人，只能认识一类人才的长处。以法治国的人，所举荐的人也超不过法家。与两类人才相通的人，就能认识两类人才的长处。兼有法术之才的人，则法术同时实行。与所有类别人才相通的人，就也能够同时通晓众多人才的长处。兼通八种才能，则会使用八种人才，没有治理不好的事物。所以兼才之人与国体之才是一样的。八才之人方能进言陈事，宰相只审查其进言的道理。

欲观其一隅①，则终朝足以识之②。将究其详，则三日而后足。何谓三日而后足？夫国体之人兼有三材，故谈不三日不足以尽之③。一以论道德，二以论法制，三以论策术，然后乃能竭其所长，而举之不疑。在上者兼明八材，然后乃能尽其所进，用而无疑矣。

【注释】

①隅：墙角。此指方面。

②终朝（zhāo）：早晨。《诗经·小雅·采绿》："终朝采绿，不盈一匊。"毛传："自旦及食时为终朝。"

③尽：全部。

【译文】

要观察他一个方面，那么一个早晨就足以知道了。如果要深究其详，那么要三天以后才可以完成。为什么说三天以后才能完成？国体之人同时具备三种人才的特点，所以不与他谈论三天就不足以完全了解他。三天时间里用一天和他谈论道德，第二天与之谈论法制，第三天与之谈论谋略之术，然后才能彻底地了解他的长处，从而在提拔任用他的时候没有任何疑虑。当政者兼明八才，然后才能使人才尽其所能，对他们用而不疑。

然则何以知其兼偏①，而与之言乎？察言之时，何以识其偏材，何以识其兼材也？其为人也，务以流数杼人之所长而为之名目②，如是兼也。每因事类，杼尽人之所能，为之名目，言不容口。如陈己美欲人称之③，己之有善，因事自说，又欲令人言常称己。不欲人之有，如是者偏也。人之有善，耳不乐闻，人称之，口不和也。不欲知人，则言无不疑。闻法则疑其刻削，闻术则疑其诡诈。是故以深说浅，益深益异④。浅者意近，故闻深理而心逾炫⑤。是以商君说帝王之道不入，则以强兵之义示之⑥。异则相返⑦，反则相非。闻深则相炫，焉得而相是。是以李兑塞耳而不听苏秦之说⑧。是故多陈处直⑨，则以为见美⑩。以其多方，疑似见美也。静听不言，则以为虚空。待时来语，疑其无实。抗为高谈⑪，则为不逊。辞护理高，疑其凌己。逊让不尽⑫，则以为浅陋。卑言寡气，疑其浅薄。言称一善，则以为不博。未敢多陈，疑其陋狭。**历发众奇**⑬，则以为多端。遍举事类，则欲以释之，复以为多端。**先意而言，则以为分美**⑭。言合其意，疑分己美。**因失难之，则以为不喻**⑮。欲补其失，反不喻也。**说以对反，则以为较己**⑯。欲反其事而明言，乃疑其较也。**博以异杂，则以为无要**⑰。控尽所怀，谓之无要。**论以同体，然后乃悦**。弟兄忿肆，为陈管蔡之事⑱，则欣畅而和悦。于是乎有亲爱之情，称举之誉，苟言之同，非徒亲爱而已，乃至誉而举之。**此偏材之常失**。意常姻护，欲人同己，己不必得，何由常得？

【注释】

①兼偏：兼才和偏才。

②流数：各类人才所怀有的才能。数，技艺，技巧。《孟子·告子上》："今夫弈之为数，小数也。"赵岐注："数，技也。"此指才能。杼：同"抒"。抒发，申述。名目：称道，标榜。《三国志·魏书·王粲传论》："同声相应，才士并出，惟粲等六人最见名目。"

③陈己美欲人称之：陈说自己的长处让别人称赞自己。

④益深益异：道理谈得越深分歧越大。益，越，更加。

⑤炫(xuàn)：眩惑。

⑥商君说帝王之道不入，则以强兵之义示之：事见《史记·商君列传》：卫鞅复见孝公。公与语，不自知膝之前于席也。语数日不厌。景监曰："子何以中吾君？吾君之欢甚也。"鞅曰："吾说君以帝王之道比三代，而君曰：'久远，吾不能待。且贤君者，各及其身显名天下，安能邑邑待数十百年以成帝王乎？'故吾以强国之术说君，君大说之耳。然亦难以比德于殷周矣。"

⑦相返：相反。

⑧李兑塞耳而不听苏秦之说：事见《战国策·赵策》：李兑舍人谓李

兑曰:"臣窃观君与苏公谈也,其辩过君,其博过君,君能听苏公之计乎?"李兑曰:"不能。"舍人曰:"君即不能,愿君坚塞两耳,无听其谈也。"明日复见,终日谈而去。李兑,战国时赵国大臣。任赵国司寇、相国。赵惠文王时,与苏秦发动赵、楚、韩、齐等国攻秦,迫使秦帝废西帝称号,归还部分赵魏土地。

⑨多陈处直:过多地陈说自己处事公正有理。直,公正,有理。

⑩见美:表现自己的长处。见,同"现"。

⑪抗:声音高亢。

⑫逊让不尽:谦虚礼让不全部使出本领。尽,全部使出。《战国策·秦策一》:"然而甲兵顿,士民病……伯王之名不成,此无异故,谋臣皆不尽其忠也。"

⑬历发众奇:普遍地揭示众家的奇特之处。历,遍。汉王褒《四子讲德论》:"于是相与结侣,携手俱游,求贤索友,历于西州。"

⑭分美:掠美。此指掠己之美。

⑮不喻:不高兴,不愉快。喻,同"愉"。欢愉,愉快。《庄子·齐物论》:"昔者庄周梦为胡蝶,栩栩然胡蝶也,自喻适志与。"陆德明《释文》引李颐云:"喻,快也。"

⑯较:较量,比高低。

⑰无要:没有要领。

⑱管蔡之事:管、蔡即管叔、蔡叔,周武王之弟。武王死后,在封地发动叛乱,兵败被杀。

【译文】

　　然而怎样才知道他是兼才还是偏才,而去和他交谈呢?听其言谈的时候,怎么能知道他是偏才还是兼才呢?如果他的为人,致力于根据各类人才所怀技能去申述他的长处,进行称赞标榜,这就是兼才。每说一类人物,尽数他的能力,为他标榜,滔滔不绝。如果他陈说自己的长处让别人称赞自己,通过议论事物表现自己的长处,又想令别人经常称赞自己。不想知道别人有什么长处，像这样的人就是偏才。不想听到别人的长处，当听到称赞别人的时候，也不附和。不想知道别人的长处，就会对别人说的话处处怀疑。听别人说法律，就怀疑他严酷，听别人讲术的时候，就怀疑他诡诈。所以用深的道理说服肤浅的人，道理越深分歧越大。浅薄的人思虑不深，所以听到高深理论便头旋目晕。所以商鞅对秦王讲帝王之道而秦王听不进去的时候，就改换强兵之道使他接受。有分歧就会观点相反，观点相反就会互相非难。道理越深就越糊涂，怎能对其加以肯定？所以李兑拒绝听取苏秦的劝说。如果对方过多地陈说自己处事公正有理，就会认为他在表现自己的长处。因其过多说自己方正，怀疑他表现长处。如果他静静倾听不说话，就会认为他内中空虚没有知识。因其长时间不说话，怀疑他没有真才实学。如果他声音高亢高谈阔论，就会认为他不懂得谦逊。因其语词严谨理论高深，怀疑他凌驾自己之上。如果他谦虚礼让不拿出全部本领，就会认为他肤浅鄙陋。因其词卑气短，怀疑他浅薄。如果他只称赞某一家的长处，就会认为他知识不广博。因其不敢多说话，怀疑他见识浅陋心胸狭小。如果他普遍地揭示众家的奇特之处，则认为他头绪繁多。遍举各类例子，想用它解释，又造成头绪繁多。如果他提前把自己所想说出来，则认为他要掠自己之美。因其言合己意，怀疑他要掠己之美。如果对方要弥补自己观点的不足，则认为他这样是要让自己不高兴。欲弥补对方的失误，反而使对方不高兴。如果他提出相反的观点，就认为他是在和自己比高低。因对方欲提出相反意见，便怀疑他要和自己较量。如果他的论说博采各家不同的观点，就认为他的论说不得要领。因其把心里话全倒出来，认为他不得要领。只有在与自己同类的人谈话，才可以高兴愉悦。弟兄不和，给他们讲管叔蔡叔的故事，他们便欣然欢畅和颜悦色了。于是就产生了亲近关爱之情，称赞提拔之举，如果说他们性情相同，不仅仅是相亲相爱而已，甚至于赞誉提拔他。这些都是偏才常有的过失。心里经常忌恨别人，维护自己，让别人赞同自己，自己都不一定有所获，怎能够常有所获呢？

英雄第八　自非平淡，能各有名，英为文昌，雄为武称。

【题解】

本章是对英雄的分析。所谓英雄，就是文武才干出众的人，在他身上既有英才，又有雄才。所谓英才，即指其聪明才智；所谓雄才，即指其气魄胆力。英雄身上，英才和雄才哪一样都不能少，只有英才没有雄才或只有雄才没有英才都不能成为英雄。前者只能担任宰相，后者只能担任将军，二者兼具，才能够成为成就大业的英雄。

刘昺注译文：如果不是平淡之人，能力各有其名，英是文的美称，雄是武的名号。

夫草之精秀者为英①，兽之特群者为雄②。物尚有之，况于人乎！故人之文武茂异③，取名于此。文以英为名，武以雄为号。是故聪明秀出谓之英④，胆力过人谓之雄，此其大体之别名也。若校其分数⑤，则互相须，英得雄分，然后成章。雄得英分，然后成刚。各以二分⑥，取彼一分，然后乃成。胆者雄之分，智者英之分，英有聪明须胆而后成，雄有胆力须知而后立。

【注释】

①精秀:完美优异。

②特:杰出,异常。《诗·秦风·黄鸟》:"维此奄息,百夫之特。"郑玄笺:"百夫之中最雄俊也。"

③茂异:出众。《汉书·公孙弘卜式儿宽传赞》:"孝宣承统,纂修洪业。亦讲论六艺,招选茂异。"

④秀出:美好特出。《国语·齐语》:"于子之乡,有拳勇股肱之力,秀出于众者,有则以告,有而不以告,谓之蔽贤。"

⑤校其分数:考查他们的比例。校,考查,算计。分数,比例。

⑥二分:分成两部分。

【译文】

花草中完美优异的称为英,野兽中异常出众的称为雄。动物尚且如此,何况人呢!所以文武才干出众的人,从此中取名为英雄。英是文的代称,雄是武的名号。所以特别聪明的人称为英,胆力过人的人称为雄,这是大体上名称的区别。如果考查它们的比例,则二者互相需要,英获得雄的部分,才能显示光彩。雄获得英的部分,才能显示刚劲。各自分为两部分,互相取一部分,然后才成为英雄。胆量是雄的部分,智慧是英的部分,英的聪明还需有胆量才能形成,雄的胆力还需有智慧才能建立。

何以论其然①?夫聪明者英之分也,不得雄之胆,则说不行②。智而无胆,不能正言。胆力者雄之分也,不得英之智,则事不立。勇而无谋,不能立事。是故英以其聪谋始,以其明见机③,智以谋事之始,明以见事之机。待雄之胆行之。不决则不能行。雄以其力服众,以其勇排难,非力众不服,非勇难不排。待英之智成之。智以制宜,巧乃可成。然后乃能各济其所长也④。譬金待水而成利功,物得水然后成养功。若聪能谋始,而明不见机，乃可以坐论⑤，而不可以处事。智能坐论而明不见机，何事务之能处？聪能谋始，明能见机，而勇不能行，可以循常⑥，而不可以虑变⑦。明能循常勇不能行，何应变之能为？若力能过人，而勇不能行，可以为力人⑧，未可以为先登⑨。力虽绝群，胆雄不决，何先锋之能为？力能过人，勇能行之，而智不能断事，可以为先登，未足以为将帅。力能先登，临事无谋，何将帅之能为？必聪能谋始，明能见机，胆能决之，然后可以为英，张良是也。气力过人，勇能行之，智足断事，乃可以为雄，韩信是也。体分不同⑩，以多为目⑪，故英雄异名。张良英智多，韩信雄胆胜。然皆偏至之材，人臣之任也。故英可以为相，制胜于近。雄可以为将，扬威于远。若一人之身兼有英雄，则能长世，高祖、项羽是也⑫。

【注释】

①然：这样。

②说：主张，学说。

③见机：同"见几"，识机微，从事物细微的变化中预见其先兆。

④济：发挥。

⑤坐论：坐而论道。

⑥循常：遵循常规。

⑦虑变：思虑变化。

⑧力人：力气大的人。《左传·宣公十五年》："魏颗败秦师于辅氏，获杜回，秦之力人也。"

⑨先登：先锋。《后汉书·段颎传》："追讨南度河，使军吏田晏、夏育募先登。"

⑩体分：禀赋和素质。

⑪以多为目：以所含较多的禀赋和素质为名称。目，名称。《后汉书·酷吏·王吉传》："凡杀人皆磔尸车上，随其罪目，宣示属县。"李贤注："目，罪名也。"

⑫高祖：即刘邦，庙号高祖，又称高皇帝。字季，泗水沛县（今江苏境内）人，曾任亭长。秦末率众起义，称沛公。乘项羽与秦军主力决战之机，率先进入关中，攻占秦都咸阳，与关中父老约法三章，深得民心。项羽入关后，被封为汉王，进驻汉中。后率兵东进，与项羽进行长达四年多的楚汉战争，最后消灭项羽，建立汉朝。在位期间减轻徭役，发展经济。政治上剪除异姓诸侯王，分封同姓王。豁达大度，知人善任，是西汉王朝的开国皇帝。项羽：即项籍，秦末下相（今江苏宿迁西南）人，战国末年楚国名将项燕后裔。从叔父项梁居吴，心怀反秦大志。秦末与叔父率兵起义，在巨鹿破釜沉舟，与秦军主力展开大战，坑杀秦降卒二十万。后率军入关，兵屠咸阳，杀秦降王子婴，焚毁秦官殿。自立为西楚霸王，分封诸侯。不久诸侯纷纷起兵，与刘邦一起反楚。最后在垓下被刘邦军打败，突围至乌江自刎而死。

【译文】

为什么这么说呢？聪明是英才所具有的素质成分，但得不到雄才的胆力，则他的理论和主张就不能付诸实践。有智谋而无胆略，不能实践自己的主张。胆力是雄才所具有的素质成分，但得不到英才的智慧，事情就办不成。有勇而无谋，不能建立事业。所以英才以其聪明谋划开始，以其明智识机微预世事，用聪明谋划开始，用明智发现机会。还需要有雄才的胆力去实践。不能决断则不能行动。雄才用他的力量征服众人，用他的勇气排除困难，没有能力众人不服，没有勇气不能排除困难。还要有英才的智谋才能成功。用智慧来制定适合具体情况的方法，机巧才可以实现。这样才能够各自发挥他们的长处。金属加上水才能磨成利器，万物得到水才生养与繁殖。如果一个人聪明能谋划开始，而其明智不足以从事物细微的变化中预见其先兆,这样的人可以用他来坐而论道,却不可以用他去办事。有坐而论道的智慧而没有发现机会的敏锐,还能处理什么事物呢?如果一个人聪明能谋划开始,明智也能识机微预世事,但没有勇气去实践,这样的人可以用他做常规的事,而不能用他思虑变化。有遵循常规的明智而没有实践的勇气,怎么能够随机应变呢? 如果一个人力量超人,而没有行动的勇气,这样的人可以把他作为大力士,不可以用他作先锋。勇力超群而没有决断的雄略,怎么能做先锋呢? 如果一个人有超人的力气,也有行动的勇气,但没有处理事务的智慧,这样的人可以用作先锋,不足以任之为将帅。有冲在前面的勇力,但遇事没有谋略,怎么能做将帅呢? 一定要聪明能谋划开始,明智能识机微预世事,胆力能决断事务,这样的人可以称为英才,如张良就是这样的人。气力过人,有实践的勇气,有足以决断事务的智谋,才可以称为雄才,韩信就是这样的人。人们所具有的禀赋和素质不同,以所含较多的禀赋和素质为名称,所以有英才和雄才名称的不同。张良英智多于众,韩信勇胆胜于人。然而他们都是偏至之才,只能担当人臣之任。所以英才可以任宰相,取胜于眼前。雄才能以任将军,扬威到远方。如果一个人同时兼有英才和雄才的素质,就能够称雄于世,高祖刘邦、楚霸王项羽就是这样的人。

　　然英之分以多于雄,而英不可以少也。英以致智,智能役雄,何可少也? 英分少,则智者去之。故项羽气力盖世,明能合变①,胆烈无前,济江焚粮②。而不能听采奇异,有一范增不用③,是以陈平之徒皆亡归。高祖英分多,故群雄服之,英材归之,两得其用。雄既服矣,英又归之。故能吞秦破楚,宅有天下④。然则英雄多少⑤,能自胜之数也⑥。胜在于身,则能胜物。徒英而不雄,则雄材不服也。内无主于中,外物何由入? 徒雄而不英,则智者不归往也。无明以接之,智者何由往? 故雄能得雄,不能得英。兕虎自成群也⑦。英能得英,不能得雄。鸾凤自相亲也⑧。故一人之身,兼有英雄,乃能役英与雄。故能成大业也。武以服之,文以绥之⑨,则业隆当年,福流后世。

【注释】

①合变:与变化合拍,即随机应变。

②济江焚粮:指项羽破釜沉舟之事。《史记·项羽本纪》:"项羽乃悉引兵渡河,皆沉船,破釜甑,烧庐舍,持三日粮,以示士卒必死,无一还心。"

③范增:秦末居巢(今安徽桐城南)人,参加项梁反秦武装,主张立楚国后裔以为号召,随宋义、项羽救赵,被项羽尊为"亚父",封历阳侯,为项羽重要谋士。破秦后,力主杀掉刘邦,不被采纳。后与项羽谋议封刘邦为汉王,以削弱其势。楚汉相争中,劝项羽不受刘邦请和,急攻荥阳以灭之。后因刘邦施反间计被项羽所疑,被削职夺权,死于归乡途中。

④宅有天下:把天下作为自己的家,即具有天下。

⑤英雄多少:英才的素质与成分和雄才的素质与成分的多少。

⑥自胜之数:决定取胜的数量。自,由来,缘由。《礼记·中庸》:"知远之近,知风之自,知微之显,可与入德矣。"郑玄注:"自,谓所从来也。"

⑦兕虎:泛指猛兽。

⑧鸾凤:鸾鸟与凤凰。

⑨绥:安抚。《尚书·盘庚上》:"绍复先王之大业,厎(zhǐ)绥四方。"孔颖达正义:"继复先王之大业,致行其道,以安四方之人。"

【译文】

然而英才的素质与成分可以多于雄才的素质与成分,但英才的素质与成分是不可以缺少的。英明可以产生智慧,智慧可以役使雄武,二者怎么能少呢？缺少英才成分，则智者会离开他。所以项羽气力盖世，有随机应变的明智，胆略刚猛空前，做出渡江焚粮之举。但不能听取采纳奇计妙策，有一个范增而不能用，所以陈平等人全都逃离他而归顺刘邦。高祖刘邦英才的成分多，所以群雄都服膺他，英才也归顺他，两种人都能够发挥作用。武勇之人臣服，智慧之人归顺。所以刘邦能够灭秦破楚，具有天下。这就说明英才的素质与成分和雄才的素质与成分的多少是决定能否取胜的数量。自身有胜的素质，则能战胜他人。只有英才素质而没有雄才成分，则雄才不会服膺他。内心没有主见，外物怎能进入？只有雄才素质而没有英才成分，则智者也不会归顺他。没有明主相接，智者怎能前往？所以雄才之人可以得到雄才，不能得到英才。猛兽自成一群。英才之人可以得到英才，不能得到雄才。鸾凤自相亲近。所以一个人的身上，兼有英才和雄才的素质与成分，才能够役使英才与雄才。能够役使英才与雄才，所以能成就大业。以武勇征服，以文德安抚，则能建立一世之业和流传后世之福。

八观第九 群材异品,志各异归。观其通否,所格者八。

【题解】

所谓八观,即观察人才的八种方法:一、观其夺救以明间杂;二、观其感变以审常度;三、观其志质以知其名;四、观其所由以辨依似;五、观其爱敬以知通塞;六、观其情机以辨恕惑;七、观其所短以知其长;八、观其聪明以知所达。本章对这八种方法进行了详尽的分析和说明。

刘昺注译文:群才等级不同,志趣也不一样。观察其是否为通才,有八种考察的方法。

八观者,一曰观其夺救①,以明间杂②。或慈欲济恤而吝夺其仁,或救济广厚而乞醯为惠。二曰观其感变③,以审常度。观其愠怍④,则常度可审。三曰观其志质⑤,以知其名⑥。征质相应,睹色知名。四曰观其所由,以辨依似⑦。依讦似直,仓卒难明。察其所安,昭然可辨。五曰观其爱敬,以知通塞⑧。纯爱则物亲而情通,纯敬则理疏而情塞。六曰观其情机⑨,以辨恕惑⑩。得其所欲则恕,违其所欲则惑。七曰观其所短,以知其长。讦刺虽短而长于为直。八曰观其聪明,以知所达。虽体众材而材不聪明,事事蔽塞,其何能达⑪?

【注释】

①夺救:在救恤别人时所表现的另一面。夺,压倒,胜过。即压倒救助别人想法的另一面。即下文刘昺所说:"或慈欲济恤而吝夺其仁,或救济广厚而乞醯为惠。"

②间杂:复杂。

③感变:对外界变化的感应。

④愠(yùn):怒,恼怒。《诗·邶风·柏舟》:"忧心悄悄,愠于群小。"毛亨传:"愠,怒也。"怍(zuò):脸色变。《礼记·曲礼上》:"将即席,容毋怍。"郑玄注:"怍,颜色变也。"

⑤志质:素质及外在表现。

⑥名:此指社会名声。

⑦依似:近似。

⑧通塞:畅通和阻塞。此指人情的通塞。

⑨情机:情感变化的缘起。机,事物变化之所由。《礼记·大学》:"一家仁,一国兴仁;一家让,一国兴让;一人贪戾,一国作乱:其机如此。"郑玄注:"机,发动所由也。"

⑩恕惑:宽宥和疑惑。

⑪达:此指所成就的事业。

【译文】

八观,第一为观察他在救恤别人时所表现的另一面,以此来了解其品质的复杂。有的人有慈善的欲望但吝啬压倒了他的慈善,有的人想广泛救济而向人讨要水醋去进行布施。第二为观察他对外界变化的感应,以此来明白他平常处世的态度。观察他的恼怒,就可知其常态。第三为观察他的素质及外在表现,以此来知道他将获得的社会名声。心态和表情相应,看其行为知其名声。第四为观察他行为表现的缘起,以此来辨别两种近似行为的区别。攻击别人好像耿直,一时很难看明白。观察其所安之心,善恶昭然可辨。第五为观察他对爱和敬的态度,以此知道他与别人情感交流方面是通畅还是阻塞。纯粹的爱则表现为物相亲情相通，纯粹的敬表现为道理少而情不通。第六为观察他的情感变化的缘起，以此知道他为什么对别人宽宥和疑惑。知道其所想会宽恕他，不知道其所想则怀疑他。第七为观察他的短处，以此知道他的长处。攻击别人虽是短处，也包含着直率的长处。第八为观察他的聪明程度，以此知道他将能成就的事业。虽具有多种才能但不聪明，事事闭塞，怎能成就事业？

何谓观其夺救，以明间杂？夫质有至、有违①，刚质无欲，所以为至。贪情或胜，所以为违②。若至胜违，则恶情夺正，若然而不然③。以欲胜刚，以此似刚而不刚。故仁出于慈，有慈而不仁者。仁必有恤，有仁而不恤者。厉必有刚④，有厉而不刚者。若夫见可怜则流涕，慈心发于中。将分与则吝啬，是慈而不仁者。为仁者必济恤⑤。睹危急则恻隐，仁情动于内。将赴救则畏患，是仁而不恤者。为恤者必赴危。处虚义则色厉，精厉见于貌。顾利欲则内荏⑥，是厉而不刚者。为刚者必无欲。然则慈而不仁者，则吝夺之也。爱财伤于慈。仁而不恤者，则惧夺之也。恇怯损于仁。厉而不刚者，则欲夺之也。利欲害于刚。故曰：慈不能胜吝，无必其能仁也⑦。爱而不施予，何仁之能为？仁不能胜惧，无必其能恤也。畏懦不果，何恤之能行？厉不能胜欲，无必其能刚也。情存利欲，何刚之能成？是故不仁之质胜，则伎力为害器⑧。仁质既弱而有伎力，此害己之器也。贪悖之性胜⑨，则强猛为祸梯。廉质既负而性强猛，此祸己之梯也。亦有善情救恶，不至为害，恶物宜剪而除，纯善之人怜而救之，此稠厚之人非大害也⑩。爱惠分笃⑪，虽傲狎不离⑫，平生结交，情厚分深，虽原壤夷俟而不相弃⑬，无大过也。助善著明⑭，虽

疾恶无害也。如杀无道以就有道，疾恶虽甚，无大非也。**救济过
厚，虽取人，不贪也**⑮。取人之物以有救济，虽讥在乞醯非大贪也。
是故观其夺救，而明间杂之情，可得知也。或畏吝夺慈仁，或救
过济其分，而平淡之主顺而恕。

【注释】

①至：善，好。违：违至，即不善，不好。

②"刚质无欲"四句：本质刚强则无欲望，所以是好的。贪婪如果过
　　多，就是不好的。

③若然而不然：即似是而非。

④厉：厉害。

⑤济恤：周济，救助。

⑥内荏(rěn)：内心怯懦。《论语·阳货》："色厉而内荏。"何晏集解
　　引孔安国曰："荏，柔也，谓外自矜厉而内柔佞者。"

⑦无必：不一定。

⑧伎力：技艺和能力。

⑨贪悖：贪婪悖谬。"悖"字《四库全书》本无，据《四部丛刊》本补。

⑩稠厚：醇厚。

⑪爱惠分笃：仁爱慈惠情分深厚。

⑫傲狎：态度傲慢言语不敬。

⑬原壤夷俟：事见《论语·宪问》：原壤夷俟。子曰："幼而不孙弟，
　　长而无述焉，老而不死，是为贼。"以杖叩其胫。原壤，春秋鲁国
　　人，孔子的老朋友，不拘礼节。夷，蹲着。意为蹲着等待孔子。

⑭著明：显著，明显。

⑮"救济过厚"三句：救济别人非常丰厚，即使从别人那里索取东
　　西，也不算贪婪。

【译文】

什么叫做"观其夺救，以明间杂"？人的本质有善和不善两部分，本质刚强则无欲，所以是好的。贪婪如果过多，就是不好的。如果善多于不善，就会出现不善想要取代善的邪恶情况，形成一种似是而非的现象。因为欲望多于刚强，因此似刚而非刚。所以仁爱出于慈善，但有慈善而不仁爱的现象。仁爱必定包含着救助别人的因素，但有仁爱而不去救助别人的现象。厉害中必定包含着刚强的成分，但有厉害却不刚强的人。例如见到别人可怜就为之流泪，慈悲从内心发出。想把自己的东西分给他却又吝啬，这就是慈善而不仁爱。行仁者必救济别人。见到别人危急则生恻隐之心，仁情发自内心。想要去救援却又害怕自己遭难，这就是有仁爱之心却无施救之行。救助别人必冒着危险。处在虚而不实的道义中则面带严厉，表面上精勤奋勉。看到关系到个人的私利实则心里懦弱，这就是利害而不刚强。刚强者必然无欲。这就说慈善而不仁爱，是由于吝啬的本质压倒了慈善。爱财伤害了慈善。仁爱而不救助别人，是由于恐惧的本质压倒了仁爱。怯懦损害了仁爱。厉害而不刚强，是由于欲望战胜了刚强。利欲损害了刚强。所以说：慈善不能战胜吝啬，不一定能够行仁爱。爱而不给予，怎能实行仁义？仁爱不能战胜惧怕遭祸患，不一定能够救助别人。畏惧懦弱不果断，怎能实行救助？厉害不能战胜私欲，不一定表现出刚强。心存利欲之情，怎能成就刚强？所以人的不仁的本质如果占上风，那么技巧和能力就是有害的东西了。仁质微弱而有能力，是于己有害的东西。贪婪之性如果占了上风，那么刚强勇猛就成为致祸的阶梯。廉质既亏损又强猛，是使自己致祸的阶梯。也有用慈善的性情救助邪恶的，这种情况也不造成危害。邪恶的东西应该斩草除根，而纯善之人因怜悯而救之，这种醇厚之人不是大害。因为仁爱慈惠情分深厚，即使对方态度傲慢言语不敬也不与之分离，一生结交，情深谊厚，即使遇到无礼对待也不相弃，也不算大的过错。救助别人善意明显，即使有过分憎恨邪恶的行为也没有害处。就像诛杀无道以靠近有道，虽然疾恶过头，也不是大错。救济别人过于丰厚,即使从别人那里索取东西,也不算贪婪。拿别人的东西去实行救济,虽被人讥讽为"乞醯",但不是大贪。所以说观察一个人在救助别人时表现的另一面,其间的复杂的情形可以辨明,"观其夺救,以明间杂"的内涵就可以知道了。有的人胆小吝啬胜过仁慈,有的人救济过其本分,而平淡的君主顺而恕之。

何谓观其感变以审常度?夫人厚貌深情,将欲求之,必观其辞旨①,察其应赞②。视发言之旨趣,观应和之当否。夫观其辞旨,犹听音之善丑。音唱而善丑别。察其应赞,犹视知之能否也。声和而能否别。故观辞察应,足以互相别识。彼唱此和,是非相举③。然则论显扬正④,白也⑤;辞显唱正,是曰明白。不善言应,玄也⑥;默而识之,是曰玄也。经纬玄白⑦,通也;明辨是非,可谓通理。移易无正⑧,杂也⑨;理不一据,言意混杂。先识未然,圣也;追思玄事,睿也;见事过人⑩,明也;以明为晦,智也;心虽明之,常若不足。微忽必识⑪,妙也;理虽至微,而能察之。美妙不昧,疏也⑫;心致昭然,是曰疏朗。测之益深,实也;心有实智,探之愈精,犹泉滋中出,测之益深也。假合炫耀⑬,虚也;道听涂说,久而无实,犹池水无源,泄而虚竭。自见其美,不足也;智不赡足,恐人不知,以自伐。不伐其能⑭,有余也。不畏不知。故曰:凡事不度⑮,必有其故。色貌失实,必有忧喜之故。忧患之色,乏而且荒⑯。忧患在心,故形色荒。疾疢之色⑰,乱而垢杂。黄黑色杂,理多尘垢。喜色愉然以怿,愠色厉然以扬。妒惑之色,冒昧无常。粗白粗赤,愤愤在面。及其动作,盖并言辞。色既发扬⑱,言亦从之。是故其言甚怿而精色不从者⑲,中有违也。心恨而言强和,色貌终不相从。其言有违而精色可信者,辞不敏也^㉑。言不自尽,故辞虽违而色貌可信。言未发而怒色先见者,意愤溢也。愤怒填胸者,未言而色貌已作。言将发而怒气送之者,强所不然也^㉑。欲强行不然之事,故怒气助言。凡此之类,征见于外,不可奄违^㉒。心欢而怒容,意恨而和貌。虽欲违之,精色不从。心动貌从。感愕以明^㉓,虽变可知。情虽在内,感愕发外,千形万貌,粗可知矣。是故观其感变而常度之情可知。观人辞色而知其心,物有常度,然后审矣。

【注释】

①辞旨:说话的意图。

②察其应赞:观察他的回答是否得当。即下文刘昺所说"视发言之旨趣,观应和之当否"。

③举:指摘,纠正。

④论显扬正:论说清楚所提倡的正确。

⑤白:明白。

⑥玄:心里明白。即下文刘昺所说"默而识之,是曰玄也"。

⑦经纬玄白:言辞上、心里头都明白。经纬,意为规划治理,此指掌握运用。

⑧移易无正:随意变动改变观点,没有正确的理论。

⑨杂:混杂,不清楚。此指语言和意图。

⑩见事过人:认识事物的能力超过别人。

⑪微忽必识:极细小的事物也能看到。微忽,极言细小,隐约细微。《大戴礼记·文王官人》:"微忽之言,久而可复,幽间之行,独而不克,行其亡如其存,曰顺信者也。"

⑫疏:疏朗。

⑬假合炫耀:假借别人的观点来炫耀自己。

⑭不伐其能：不自夸自己的能力。伐，夸耀。

⑮不度：不合常规，此指失常。

⑯荒：同"慌"。

⑰疾疢（chèn）：泛指疾病。

⑱发扬：高昂，激扬。

⑲精色：即神色。

⑳敏：敏捷，迅速。《诗·小雅·甫田》："曾孙不怒，农夫克敏。"毛亨传："敏，疾也。"

㉑不然：不合理，不对。

㉒奄违：掩盖违背。奄，同"掩"。《晏子春秋·谏上八》："民愁苦约病，而奸驱尤佚，隐情奄恶，蔽诒其上。"卢文弨云："'奄''掩'同。"

㉓感愕：感觉和惊讶。此指人们由于内心的感受而表现出的神情。

【译文】

什么叫做"观其感变以审常度"？人们往往外表表现得很丰富和充分而把真实感情隐藏得很深，如果要了解他们，必须要观察他们说话的意图，观察他们的回答是否得当。观察他们说话的主旨，看其言论与主旨是否相合。观察人们说话的意图，就好像听声音的美丑。音一唱出来美丑就可分别。观察他们的回答是否得当，就像审视他们智力上是否有能力。声一应和能否即可判别。所以人们观察说话和反应，完全可以对彼此的能力进行识别。主旨与言论彼唱此和，是非互相纠正。这就是说论说清楚所提倡的正确，是显著的明白；词义清楚唱得正确，是为明白。而不善于言辞和回应的，是心里明白；暗暗地认识到，是为玄默。言辞上心里头都明白，是通达事理；明辨是非，可以说是通理。随意变动观点没有正确的理论，是言语和意图都不清楚；不以一个道理做根据，语言杂乱意思不明。事物还没形成就先认识到，是圣贤；追求思索深奥玄妙的道理，是睿智；认识事物的能力超过别人，是英明；心里明白，但常表现出不足，是机智；

心里虽然明白,但表现常若不足。极细小的事物也能看到,是精妙;理论虽然微妙,但能察觉到。对美好奇妙的事物昭然明了,是疏朗;心意表达得非常明白,是为通透明亮。越检测越觉得对方知识渊博,是蕴含富实;心有实在的智慧,越探索越精到,就像泉水生出,越测量越深邃。假借别人的观点来炫耀自己,是虚伪;道听途说,没有智慧之实,就像池中之水,没有水源流入,泄而枯竭。自己展现自己的优点和长处,是不足;智慧不足,恐别人不知,所以自夸。不自夸自己的能力,是有余。不怕别人不知道。所以说:凡是失常的表现和举动,都是有其内在缘故的。面色失常,必有喜忧之事。忧患的表情,疲乏而且慌张。忧患在心,所以神色慌张。疾病的神色,面色杂乱且带有污垢。黄色黑色相杂,本性多尘污。喜悦的神色欢娱而快乐,怨恨的表情严厉而怒显。嫉妒疑惑的表情,唐突冒昧变化无常。大白大红,愤怒表现在脸上。这些情绪都表现在行动和言语当中。面色激扬,言语也随着变化。所以当一个人嘴上说快乐而神色与其所说不一致时,其中必有相违背的地方。心里有恨而言语勉强附和,表情却始终与言论不一样。当他的言论违背真实情感而神色可信时,言辞表达往往不够敏捷。言语不能全部表示心理,所以言语虽不可信,但面色表情是可信的。当他还没说话怒色却已经表现出来时,说明他的愤怒之情已经难以抑制。怒火填膺的人,话还没说,表情已经带出来了。当他将要说话而怒气伴随而出时,说明他被迫去做不以为然的事。想强行做认为不该做的事,所以怒气协助语言表现。以上所说的种种情况,都是表征明显外露,不能掩盖。心里高兴而表情恼怒,或者心里忌恨表面平和的样子。虽然想掩盖真相,但神色并不相顺从。貌随心动。通过人们由于内心的感受而表现出来的神情,即使有所变化也可以知晓其真实的内心。心情虽然在内,感觉和惊讶却表现出来,千形万貌,大概都是可以知道的。所以说观察他情感的变化就可以知道他的常度之情。观察人的言语和表情而知其心,万物有其规律,掌握了规律就可以了解人的内心了。

　　何谓观其至质以知其名①？凡偏材之性，二至以上②，则至质相发，而令名生矣③。二至，质气之谓也。质直气清则善名生矣。是故骨直气清，则休名生焉④。骨气相应，名是以美⑤。气清力劲，则烈名生焉。气既清矣，力劲则烈。劲智精理⑥，则能名生焉。智既劲矣，精理则能称。智理强恕⑦，则任名生焉⑧。直而又美，是以见任。集于端质⑨，则令德济焉⑩。质征端和，善德乃成。加之学，则文理灼焉。圭玉有质，莹则成文⑪。是故观其所至之多少，而异名之所生可知也。寻其质气，览其清浊。虽有多少之异，异状之名断可知之。

【注释】

①至质：即前文所说的"志质"。

②二至：指本质和气质。即下文刘昺所说"二至，质气之谓也"。

③令名：美好的声誉。《左传·襄公二十四年》："侨闻君子长国家者，非无贿之患，而无令名之难。"

④休名：美好的名声。

⑤是以：所以。

⑥劲智精理：智力强劲精通事理。

⑦智理强恕：智慧、忠恕、刚强、恭敬。理，忠恕。《逸周书·谥法解》："刚强直理曰武。"孔晁注："理，忠恕也。"

⑧任名：可信任的名声。

⑨端质：突出的品质。

⑩令德济焉：美好的品德就形成了。

⑪莹：磨制。唐马总《意林》引仲长统《昌言》："道德仁义，天性也。织之以成其物，炼之以致其精，莹之以发其光。"

【译文】

什么叫做"观其至质以知其名"？大凡偏才的秉性，本质和气质在两种以上，则会互相影响使其凸显，美好的声誉就产生了。二至，指本质和气质。质刚直气清正则善名就产生了。所以品质正直气质清正，就会产生美好的名声。骨气相互呼应，所以名称美。气质清正能力强劲，就会产生建立功业的名声。气既然清正，力量刚劲则称为烈。智力强劲精通事理，就会产生贤能的名声。智力既然强劲，精通事理则称为能。智慧、忠恕、刚强、恭敬，就会产生可以担当责任的名声。正直而且美好，所以被任用。这些突出的品质集中在一起，美好的品德就形成了。美质突出平和，美德便形成了。再加上学习，那么他的文化素养就会熠熠生辉。美玉具有其特质，再加上磨制，便呈现美丽纹路。所以说观察一个人突出的本质和气质的多少，各种各样的名声怎样产生就可以知道了。根据它的本质和气质，分辨其清浊。二者虽有多少的区别，但不同的状态和名称断然可知。

何谓观其所由以辨依似？夫纯讦性违①，不能公正。质气俱讦，何正之有？依讦似直②，以讦讦善。以直之讦，讦及良善。纯宕似流③，不能通道。质气俱宕，何道能通？依宕似通④，行傲过节⑤。似通之宕，容傲无节。故曰：直者亦讦，讦者亦讦，其讦则同，其所以为讦则异。直人之讦，讦恶憎非⑥；纯讦之讦，讦善刺是。通者亦宕，宕者亦宕，其宕则同，其所以为宕则异。通人之宕，简而达道；纯宕、傲僻、以自恣。然则何以别之？直而能温者⑦，德也。温和为直，所以为德。直而好讦者，偏也。性直过讦，所以为偏。讦而不直者，依也。纯讦似直，所以为依。道而能节者⑧，通也。以道自节，所以为通。通而时过者⑨，偏也。性通时过，所以为偏。宕而不节者，依也。纯宕似通，所以为依。偏之与依，志同质违，所谓似是而非也。质同通直，或偏或依。是故轻诺，似烈而寡信。不量己力，轻许死人⑩，临难畏怯，不能殉命。多易，似能而无效。不顾材能，自谓能办。受事猖獗⑪，作无效验。进锐⑫，似精而去速。情躁之人，不能久任。诃者⑬，似察而事烦⑭。谴诃之人，每多烦乱。讦施⑮，似惠而无成⑯。当时似给⑰，终无所成。面从，似忠而退违。阿顺目前，却则自是。此似是而非者也。紫色乱朱⑱，圣人恶之。亦有似非而是者。事同于非，其功实则是。大权⑲，似奸而有功⑳。伊去太甲㉑，以成其功。大智，似愚而内明。终日不违，内实分别。博爱，似虚而实厚。泛爱无私，似虚而实。正言，似讦而情忠。譬帝桀纣㉒，至诚忠爱。夫察似明非㉓，御情之反㉔，欲察似类审，则是非御，取人情反覆明之。有似理讼㉕，其实难别也。故圣人参讯广访，与众共之。非天下之至精，其孰能得其实？若其实可得，何忧乎䝙兜㉖？何迁乎有苗㉗？是以昧旦晨兴，扬明侧陋㉘，语之三槐㉙，询之九棘㉚。故听言信貌，或失其真。言讷貌恶，仲尼失之子羽㉛。诡情御反㉜，或失其贤。疑非人情，公孙失之卜式㉝。贤否之察，实在所依。虽其难知，即当寻其所依而察之。是故观其所依，而似类之质可知也。虽其不尽得其实，然察其所依似，则其体气粗可几矣。

【注释】

①纯讦(jié)：专门指责他人的过错。讦，揭发、攻击他人的隐私、过错或短处。

②依讦似直：攻击他人似乎是出于性格直率。"依讦似直"即"依似讦直"。

③纯宕(dàng)：本质气质都放荡不羁。

④依宕：仿佛是放荡。

⑤行傲过节：傲慢不受节制。

⑥瘅(dàn)：憎恨。

⑦直而能温：刚直而能温和。

⑧道而能节：用道义节制自己。

⑨通而过时：虽然通晓了事理但已时过境迁。

⑩死人：为别人去死。

⑪猖獗：颠覆，失败。《三国志·蜀书·诸葛亮传》："孤不度德量力，欲信大义于天下，而智术浅短，遂用猖蹶，至于今日。"

⑫进锐：进取急切。锐，急切，迫切。《汉书·淮南厉王刘安传》："于是王锐欲发，乃令官奴入宫中，作皇帝玺。"

⑬诃者：大声斥责别人。

⑭似察而事烦：好像明辨事理实际上使事物更加烦乱。

⑮讦施：假意施与。讦，《说文》解释说："诡伪也。"

⑯似惠而无成：好像是在施惠于人实际上并无结果。

⑰给：敏捷。《荀子·修身》："勇胆猛戾，则辅之以道顺；齐给便利，则节之以动止。"杨倞注："齐、给、便、利，皆捷速也。"

⑱紫色乱朱，圣人恶之：《论语·阳货》："子曰：'恶紫之夺朱也，恶郑声之乱雅乐也，恶利口之覆邦家者。'""紫色乱朱"比喻将奸邪小人当作廉洁公正的贤者。朱，正色。紫，比较好的杂色。

⑲大权：掌握朝政的权臣。

⑳似奸而有功：表面看好像奸诈而实际上是有功之臣。

㉑伊去太甲：伊，即伊尹。名挚，又称伊挚。殷商初大臣。辅佐汤王伐桀灭夏，建立商朝。汤王死后，伊尹先后辅佐外丙、仲壬、太甲等帝。由于太甲不尊汤王之法，伊尹将其流放，自己摄政。后太甲悔过，伊尹将其接回，还以国政。

㉒帝桀纣：以桀、纣为帝，忠于桀、纣。桀，夏代最后一个帝王。又

称癸、履癸。嗜酒好色，暴虐无道。在位时修宫室，建瑶台，耗费民力，人民怨声载道，臣下众叛亲离。商汤乘机讨伐，夏桀战败，被流放于南巢(今安徽巢湖西南)而死。纣，商代最后一个帝王。又称帝辛、受辛、商辛、商纣。嗜酒淫乐，好靡靡之音。宠信妲己，听信谗言，设炮烙之法，残害百姓。许多大臣因劝谏被杀、被囚或被迫出走。西方的姬周首领姬发起兵讨伐，与商军战于牧野，商军倒戈，纣王登鹿台自焚而死。

㉓察似明非：审查类似的事而明辨是非。

㉔御情之反：揭开人情的掩盖使之明了。

㉕理讼：审理案件。

㉖何忧乎驩兜：《史记·夏本纪》：皋陶作士以理民。帝舜朝，禹、伯夷、皋陶相与语帝前。皋陶述其谋曰："信其道德，谋明辅和。"禹曰："然，如何？"皋陶曰："於！慎其身修，思长，敦序九族，众明高翼，近可远在己。"禹拜美言，曰："然。"皋陶曰："於！在知人，在安民。"禹曰："吁！皆若是，惟帝其难之。知人则智，能官人；能安民则惠，黎民怀之。能知能惠，何忧乎驩兜，何迁乎有苗，何畏乎巧言善色佞人？"驩兜，相传为尧臣，有罪，自投南海而死。

㉗有苗：尧舜禹时代南方较强大的氏族部落集团。又称三苗。活动在今河南南部至湖南洞庭湖、江西鄱阳湖一带。虞舜时被迁至南方的山中。

㉘扬明侧陋：当为"明扬侧陋"。语出《尚书·尧典》："明明扬侧陋。"扬，举用，选拔。侧陋，处在偏僻地方的贤人或地位卑贱的贤人。

㉙三槐：喻指三公。相传周代宫廷外种有三棵槐树，三公朝天子时，面向三槐而立。后因以三槐喻三公。《周礼·秋官·朝士》："面三槐，三公位焉。"

㉚九棘：指百官。周代在朝廷树棘以别朝臣品位，左右各立九束，

左九棘为公卿大夫之位,右九棘为公侯伯子男之位。见《周礼·秋官·朝士》。

㉛仲尼失之子羽:《史记·仲尼弟子列传》:"(澹台灭明)状貌甚恶。欲事孔子,孔子以为材薄。既已受业,退而修行,行不由径,非公事不见卿大夫。南游至江,从弟子三百人,设取予去就,名施乎诸侯。孔子闻之,曰:'吾以言取人,失之宰予;以貌取人,失之子羽。'"子羽,即澹台灭明,春秋鲁国人。孔子弟子,状貌丑陋。

㉜诡情御反:违背情理方向把握错了。

㉝公孙失之卜式:《汉书·卜式传》记载:当时汉朝正在征讨匈奴,卜式上书,愿贡献一半家财资助战争。汉武帝派人问卜式:"欲为官乎?"卜式答:"自小牧羊,不习仕宦,不愿也。"使者又问:"家岂有冤,欲言事乎?"卜式答:"臣生与人亡所争,邑人贫者贷之,不善者教之,所居,人皆从式,式何故见冤!"使者又问:"苟,子何欲?"卜式说:"天子诛匈奴,愚以为贤者宜死节,有财者宜输之,如此而匈奴可灭也。"使者将卜式的话报告武帝,武帝又告诉了丞相公孙弘。公孙弘说:"此非人情。不轨之臣不可以为化而乱法,愿陛下勿许。"武帝便没有回报卜式,几年后又将其罢黜。卜式又回到家过种田放牧的生活。公孙即公孙弘,西汉人,汉武帝时以贤良对策,擢为第一,拜博士,待诏金马门。深得武帝赏识,历任左内史、御史大夫、丞相,封平津侯。

【译文】

什么叫"观其所由以辨依似"? 专门指责他人过错的人性情邪恶,不能公正。气和质都具有攻击性,怎么谈得上正? 出于直率秉性去指责他人的过错,也用这种方法对待良善。直率的抨击,伤及良善。本质气质都放荡不羁的人好似流水,不能通晓道理。质和气都放荡,什么道能走通呢? 仿佛放荡不羁的人好像通晓道理,但其行为傲慢不受节制。好像通达的放荡,表现得傲慢没有节制。所以说:直率的人也指责别人的过错,专好指责别人的人也指责别人的过错,二者同是指责,但他们指责的出发点却不同。直率人的抨击,痛恨和抨击邪恶;为抨击而抨击,抨击的是善良美好。通达的人也放荡不羁,放荡的人也放荡不羁,都是放荡不羁,但他们放荡不羁的原因是不同的。通达人的放荡,简单而有道;纯粹放荡的人,傲慢、邪僻、自我放纵。然而怎样辨别他们呢? 刚直而能温和,是有道德的人。温和直率,所以称为德。率直而好指责别人,这种行为为偏。性格直率攻击性多,所以称作偏。好指责别人本性却不直率的,这种行为为依。纯粹的指责好像直率,所以称作依。用道义节制自己,这种行为为通晓事理。用道德自我约束,所以称作通。虽然通晓了事理但已时过境迁,这种行为为偏。通却不合时宜,所以称为偏。放荡而不节制,这种行为为依。放荡却自以为通达,所以称作依。偏和依,表现相同而实质相反,也就是人们所说的似是而非。性质都与通达直率有关系,但或者为偏,或者为依。所以轻易承诺,好像刚直勇决而实质上缺少诚信。不衡量自己的能力,轻易以死相许,面临危难又畏惧胆怯,不能实现许诺。常常轻视别人,好像很有能力但却一事无成。不考虑自己才能大小,自称能办成事情。接受任务后却办不好,工作没有成效。进取急切,好像是很精明能干,但放弃的也很快。性情急躁的人,没有长期坚持的毅力。大声斥责别人,好像要明辨事理实际上使事物更加烦乱。谴责呵斥,反而增添了烦乱。假意施与,好像是在施惠于人实际上并无结果。当时好像很机敏,最终无所成就。表面顺从,好像很忠诚,但在下面却相反。当时顺从,过后仍自以为是。这些都是似是而非的现象。以紫乱朱,这是孔子所厌恶的现象。也有似非而是的现象。做事看起来不对,但其作用实际上是应当肯定的。掌握朝政的权臣,表面看好像奸诈,而实际上是有功之臣。伊尹流放太甲,帮助他最后成功。有大智慧的人,表面看上去愚钝而内心清楚。表面上始终不违背,心里实际上分得清楚是非。广施仁爱的人,表面看起来虚浮而实际上厚重。广施仁爱没有私欲,看起来虚实际上实。直言相劝的人,表面上看好像是指责实际上是忠诚。譬如尊桀纣为帝,至忠至诚。审查类似的事而明辨是非,透过表面人情明了内在实质,详究细查类似的事分清是非,揭开人情的掩盖使之明了。就好像审理案件,其实情是很难辨别的。所以圣人广泛走访问询,与大众共同分辨。如果不是天下最精明的人,谁能够取得其实质性的东西呢?如果取得实情,雔兜有什么可担心的?苗人有什么必要迁徙呢?这就是圣王早起晚睡,搜罗各地人才,广泛咨询百官的原因。所以说仅仅听信一个人的言论相信事物的表面现象,可能会失去真实的东西。因为言语木讷,相貌不扬,子羽被孔子所忽视。违背情理方向把握错了,可能会失去贤能的人。公孙弘怀疑卜式的做法不合人情,从而否定了他有益国家的行为。对贤能与否的考察,最根本的在于看与之近似的情况。虽然贤才难以发现,考察与之相似的情况还是可以做到的。所以说"观其所依,而似类之质可知"。虽然不能够完全得到实情,但通过考察类似的情况,则可以知道大概的实情。

　　何谓观其爱敬,以知通塞?盖人道之极①,莫过爱敬②。爱生于父子,敬立于君臣。是故《孝经》以爱为至德③,起父子之亲,故为至德。以敬为要道④。终君臣之义,故为道之要。《易》以感为德⑤,气通生物,人得之以利养。以谦为道。尊卑殊别,道之次序。《老子》以无为德⑥,施化无方,德之则也。以虚为道。寂寞无为,道之伦也⑦。《礼》以敬为本⑧,礼由阴作⑨,肃然清净。《乐》以爱为主⑩。乐由阳来,欢然亲爱。然则人情之质,有爱敬之诚,方在哺乳,爱敬生矣。则与道德同体,动获人心⑪,而道无不通也。体道修德,故物顺理通。然爱不可少于敬。少于敬,则廉节者归之,廉人好敬,是以归之。而众人不与⑫。众人乐爱,爱少,是以不与。爱多于敬,则虽廉节者不悦,而爱接者死之⑬。廉人寡,常人众。众人乐爱致其死,则事成业济。是故爱之为道,不可少矣。何则?敬之为道也,严而相离⑭,其势难久。动必肃容过之不及,逆旅之人⑮,不及温和而归也。爱之为道也,情亲意厚,深而感物。煦姬笃密感物甚深⑯,是以黟桑之人倒戈报德⑰。是故观其爱敬之诚,而通塞之理可得而知也。笃于慈爱,则温和而上下之情通。务在礼敬,则严肃而外内之情塞。然必爱敬相须,不可一时而无。然行其二义者,常当务令爱多敬少,然后肃穆之风可得希矣⑱。

【注释】

①极:屋脊之栋梁。《汉书·天文志》:"后流星下燕万载官极,东去。"颜师古注引李奇曰:"极,屋梁也,三辅间名为极。"引申为至高之义。

②莫过爱敬:没有比父子之爱、君臣之敬更高的。爱敬,指父子之爱和君臣之敬。

③《孝经》:儒家经典之一。多以为孔门后学所撰,宣传孝道,从汉代起就被推崇,《汉书·艺文志》列为七经之一,东汉郑玄称《春秋》为大经,《孝经》为大本。今文本十八章,唐玄宗注,宋邢昺疏,收入《十三经注疏》。

④要道:重要的理论。

⑤《易》:即《易经》,又称《周易》,儒家经典之一,包括《经》和《传》两部分。《经》包括卦、爻、卦辞、爻辞等符号和文字。《传》又称《十翼》,是儒家学者对《经》的各种解释。《易经》以八卦象征天、地、雷、风、水、火、山、泽等自然万物,推测自然与社会的变化。今通行本有《周易注疏》,为三国魏王弼、晋韩康伯注,唐孔颖达正义。

⑥《老子》:道家著作,又称《道德经》,相传为春秋时老聃所作,或谓成书于春秋战国之际。西汉河上公作《老子章句》八十一章,前三十七章为《道经》,后四十四章为《德经》。1973年湖南长沙马王堆汉墓出土帛书《老子》甲、乙本及《韩非子·解老》都是《德经》在前,《道经》在后。现存注本有汉河上公《老子章句》,三国

魏王弼《老子注》等。

⑦伦：统领，首领。《孔子家语·入官》："迩臣便僻者，群仆之伦也。"王肃注："伦，纪也，为众之纪。"

⑧《礼》：儒家经典著作，包括《周礼》、《仪礼》、《礼记》。《礼记》是战国至汉初儒家学者关于各种仪礼的论文选集。《仪礼》记载上古的各种礼节仪式，如冠礼、婚礼、士相见礼、乡饮酒礼、丧礼等。《周礼》记述了先秦的政治经济制度，但对其成书年代及内容是否真正实施学界有不同看法。

⑨礼由阴作：《礼记·郊特牲》："乐由阳来者也，礼由阴作者也，阴阳和而万物得。"

⑩《乐》：即《乐经》，儒家六经之一，论述了音乐的起源发展及社会作用。原为三十二篇，秦时亡佚，一部分被编入《礼记》中。

⑪动：往往，常常。《三国志·吴书·周瑜传》："曹公，豺虎也，然托名汉相，挟天子以征四方，动以朝廷为辞。"

⑫与：参与。《礼记·王制》："五十不从力政，六十不与服戎，七十不与宾客之事。"

⑬爱接者死之：接受爱的人甘心为施爱者去死。

⑭严而相离：严肃拘谨互相敬而远之。

⑮逆旅：旅居。

⑯煦妪：抚育，爱抚。《礼记·乐记》："天地欣合，阴阳相得，煦妪覆育万物。"孔颖达疏："'煦妪覆育万物者'，天以气煦之，地以形妪之，是天煦覆而地妪育，故言'煦妪覆育万物也'。"笃密：感情深厚。《后汉书·济北惠王寿传》："和帝遵肃宗故事，兄弟皆留京师，恩宠笃密。"

⑰翳桑之人倒戈报德：事见《左传·宣公二年》：春秋时，晋国人灵辄在翳桑饿倒在地，赵盾见后将其救起，赐以饮食。后灵辄为晋灵公甲士。晋灵公欲杀赵盾，灵辄倒戈相卫，赵盾乃得免。翳

桑，古地名。

⑱希：减少。

【译文】

什么叫做"观其爱敬，以知通塞"？为人之道的顶点，不能超过爱和敬。父子之间生爱，君臣之间生敬。所以《孝经》把爱作为最高的道德标准，爱起源于父子亲情，所以称为至德。把敬作为为人之道的重要理论。君臣之义为义之终点，所以称为要道。《易经》以气感为为人之德，气通产生万物，人得气才能生存。以谦虚为为人之道。尊卑差别巨大，所以引导人遵守秩序。《老子》以无为德，实施教化无所不至，是德运行的法则。以虚为道。寂寞无为，是道的首领。《礼经》以敬为为人之本，礼从地产生，所以肃然清净。《乐经》以爱为主导。爱从天产生，所以欢快亲爱。这说明人情的本质，如果有爱敬的诚意，人还在哺乳的时候，爱敬之情就产生了。就会与道德混为一体，经常获得人心，就没有走不通的道路。实践、修炼道德，所以物顺理通。然而爱不可以少于敬。如果爱少于敬，那么廉洁有气节的人会归附他，廉洁之人喜好崇敬，所以归附之。而大众则不会与他在一起。大众喜欢爱，爱少，所以不依附。如果爱多于敬，那么虽然廉洁有气节的人可能不喜欢，但接受爱的人会甘心为施爱者去死。廉洁之人少，常人多。众多的人喜欢爱甘为之去死，那么事业就会成就。所以爱之为道，是不可少的。这是为什么？如果把敬作为为人之道的标准，人们之间就会严肃拘谨互相敬而远之，相处势必难以持久。动辄一脸严肃还嫌严肃得不够，众人就像旅居之人，感觉不到温和便离开了。如果把爱作为为人之道的标准，人们之间情亲意厚，在人们中间产生深深的感染。关爱抚慰情感深厚，所以翳桑人灵辄保护赵盾以报答他。所以说观察一个人的爱敬的诚意，他为人处事通达与闭塞的道理就可以知道了。慈爱甚笃，则会温和而众人上下感情通融。过于强调礼敬，则会严肃有余上下感情阻塞。如此看来，必须爱敬兼有，二者不可一刻没有。然而实行爱与敬的人，应当经常使爱多敬少，这样肃穆之风会减少了。

　　何谓观其情机以辨恕惑？夫人之情有六机：抒其所欲则喜[1]；为有力者誉乌获[2]，其心莫不忻焉。不抒其所能则怨；为辨给者称三缄[3]，其心莫不忿然。以自伐历之则恶[4]；抗己所能以历众人，众人所恶。以谦损下之则悦；卑损下人，人皆喜悦。犯其所乏则媢[5]；人皆悦己所长，恶己所短，故称其所短，则媢戾恣肆。以恶犯媢则妒；自伐其能，人所恶也。称人之短，人所媢也。今伐其所能，犯人所媢，则妒害生也。此人性之六机也。夫人情莫不欲遂其志[6]，志之所欲，欲遂已成。故烈士乐奋力之功[7]，遭难而力士奋。善士乐督政之训[8]，政修而善士用。能士乐治乱之事，治乱而求贤能。术士乐计策之谋，广算而求其策[9]。辨士乐陵讯之辞[10]，宾赞而求辨给[11]。贪者乐货财之积，货财积则贪者容其求。幸者乐权势之尤[12]。权势之尤，则幸者窃其柄[13]。苟赞其志[14]，则莫不欣然。是所谓抒其所欲则喜也。所欲之心抒尽，复何怨乎？若不抒其所能，则不获其志。不获其志，则戚[15]。忧己才之不展。是故功力不建，则烈士奋。奋愤不能尽其材也。德行不训[16]，则正人哀[17]。哀不得行其化。政乱不治，则能者叹。叹不得用其能。故未能弭[18]，则术人思[19]。思不得运其奇。货财不积，则贪者忧。忧无所收其利。权势不尤，则幸者悲。悲不得弄其权。是所谓不抒其能，则怨也[20]。所能不抒，其能悦乎？人情莫不欲处前，故恶人之自伐。皆欲居物先，故恶人之自伐也。自伐，皆欲胜之类也。是故自伐其善，则莫不恶也。恶其有胜己之心。是所谓自伐历之，则恶也。是以达者终不自伐。人情皆欲求胜，故悦人之谦。谦所以下之，下有推与之意，是故人无贤愚，接之以谦，则无不色怿。不问能否,皆欲胜人。是所谓以谦下之,则悦也。是以君子终日谦谦。人情皆欲掩其所短,见其所长。称其所长则悦,称其所短则愠。是故人驳其所短,似若物冒之㉑。情之愤闷,有若覆冒。是所谓驳其所乏,则姻也。覆冒纯塞,其心姻戾。人情陵上者也,见人胜己,皆欲陵之。陵犯其所恶,虽见憎,未害也。虽恶我自伐,未甚疾害也。若以长驳短,是所谓以恶犯姻,则妒恶生矣。以己之长,较人之短,而取其害,是以达者不为之也。凡此六机,其归皆欲处上。物之自大,人人皆尔。是以君子接物,犯而不校㉒。知物情好胜,虽或以小犯己,终不较拒也。不校,则无不敬下,所以避其害也。务行谦敬,谁害之哉?小人则不然。既不见机,不达妒害之机。而欲人之顺己,谓欲人无违己。以侔爱敬为见异㉓,孔光逡巡㉔,董贤欣喜㉕。以偶邀会为轻㉖,谓非本心,恣其轻己。苟犯其机,则深以为怨。小人易悦而难事。是故观其情机,而贤鄙之志可得而知也。贤明志在退下,鄙劣志在陵上。是以平淡之主御之以正,训贪者之所忧,戒幸者之所悲,然后物不自伐,下不陵上,贤否当位,治道有序。

【注释】

①抒:抒发,申述。《汉书·王褒传》:"虽然,敢不略陈愚而抒情素!"颜师古注:"抒,犹泄也。"

②乌获:战国时秦之力士。一说可能为更古之力士。后为力士的泛称。

③三缄:即三缄其口。缄,封。汉刘向《说苑·敬慎》:"孔子之周,观于太庙右陛之前,有金人焉,三缄其口而铭其背曰:'古之慎言人也。'"后因指言语谨慎,少说或不说话。

④历:越过。《孟子·离娄下》:"礼,朝廷不历位而相与言,不逾阶而相揖也。"

⑤姮(hù):忌恨。

⑥遂:如愿,完成。

⑦烈士乐奋力之功:勇猛之士喜欢以勇力立功的环境。

⑧善士:有德之士。《孟子·万章下》:"一乡之善士,斯友一乡之善士;一国之善士,斯友一国之善士;天下之善士,斯友天下之善士;以友天下之善士为未足,又尚论古之人。"督政之训:政治修明。

⑨筭(suàn):同"算"。

⑩辨士:能言善辩之士。辨,通"辩"。《管子·禁藏》:"阴内辩士,使图其计。"陵讯:皇帝垂讯。

⑪宾赞而求辨给:幕僚要言谈敏捷流利。宾赞,指幕僚。唐韩愈《郓州溪堂诗》:"公暨宾赞,稽经诹律。施用不差,人用不屈。"辨给,言谈敏捷流利。

⑫幸者乐权势之尤:受宠幸的幸臣喜欢当权者有过失。幸者,宠臣。尤,过失,罪愆。《易·贲》:"匪寇婚媾,终无尤也。"《诗·小雅·四月》:"废为残贼,莫知其尤。"郑笺:"尤,过也。"

⑬窃:偷窃,得到。

⑭苟赞其志:如果推举他实现志向。赞,推举,推荐。《礼记·月令》:"(孟夏之月)命太尉,赞桀俊,遂贤良,举长大。"郑玄注:"赞,犹出也。"

⑮戚:忧愁。《诗·小雅·小明》:"心之忧矣,自诒伊戚。"毛亨传:"戚,忧也。"

⑯德行不训:不遵从道德行为规范。训,通"顺",顺从,遵循。《尚书·洪范》:"是训是行,以近天子之光。"孔安国传:"凡顺是行之,则可以近益天子之光明。"汉扬雄《法言·问神》:"或问文,曰

'训'；问武，曰'克'。"李轨注："训，顺。"

⑰正人哀：正人君子哀愁。

⑱敌能未弭：敌人的能量没有消除。弭，消除，止息。《周礼·春官·小祝》："弭灾兵，远罪疾。"孙诒让正义："凡云弭者，并取安息御止之义。"

⑲思：悲伤，哀愁。《礼记·乐记》："亡国之音哀以思，其民困。"

⑳怨：怨恨，不高兴。

㉑似若物冒之：感到愤懑，好像被东西覆盖一样。冒，覆盖。《六臣注文选·江淹〈拟谢庄"郊游"〉》："凉叶照沙屿，秋荣冒水浔。"吕延济注："冒，覆也。"

㉒犯而不校：虽受到冒犯而不去拒绝他。校，栅栏，引申为拒绝。《墨子·备穴》："为铁校，卫穴四。"孙诒让《间诂》："铁校，盖铸铁为阑校以御敌。"

㉓以佯爱敬为见异：把别人假装的爱敬当做对自己特殊的看待。佯，假装。《荀子·非十二子》："利心无足而佯无欲者也。"杨倞注："好利不知足而诈为无欲者也。"

㉔孔光逡巡：《汉书·孔光传》记载孔光的小心谨慎说："（孔光）典枢机十余年，守法度，修故事。上有所问，据经法以心所安而对，不希指苟合；如或不从，不敢强谏争，以是久而安。时有所言，辄削草稿，以为章主之过，以奸忠直，人臣大罪也。有所荐举，唯恐其人之闻知。沐日归休，兄弟妻子燕语，终不及朝省政事。或问光：'温室省中树皆何木也?'光嘿不应，更答以他语，其不泄如是。"孔光，西汉人，字子夏，孔子十四世孙。官至丞相。逡巡，小心谨慎。

㉕董贤欣喜：《汉书·佞幸传》记载：董贤为大司马，与孔光并为三公，哀帝故令董贤私人访问孔光。孔光知哀帝欲尊宠董贤，闻董贤当来，警戒衣冠出门等待，望见董贤之车乃却入。董贤至中

门，孔光入，既下车，乃出拜谒，送迎甚谨，不敢以宾客均敌之礼。使董贤非常高兴。董贤，西汉人，字圣卿。汉哀帝宠臣。拜大司马卫将军，权与君主等同。王莽当政后，罢其官，自杀于宅第。

㉖以偶邀会为轻：把别人因遇到自己而相邀看做是对自己的轻视。偶，碰上，遇到。

【译文】

什么叫做"观其情机以辨恕惑"？人的情感或情绪有六种主要的表现：抒发了内心想要表达的东西就欣喜；把强有力的人誉为乌获，没有人心里不高兴。没有发挥他的能力和特长就怨恨；让善辩之人三缄其口，没有人心里不生气。用自我夸耀的方法超越别人就会被厌恶；突出自己的能力压抑众人，被众人所厌恶。用谦虚自损的方法处人之下别人就会喜悦；谦卑自损处人之下，人们都喜欢这样的人。触犯别人的短处人家就会忌恨；人都欣赏自己的长处，厌恶自己的短处，所以说他的短处，他就会忌恨恼怒。自夸己能犯人所短就会受到妒害；自我夸奖，是人们所厌恶的。揭人之短，是人们所忌恨的。现在自夸能力，触犯别人忌讳，嫉妒伤害就产生了。这就是人性中的六种情感或情绪的表现。人之常情没有不想让自己的志向如愿实现的，有志向人的欲望，就是实现自己的志向。所以勇猛之士喜欢以勇力立功的环境，遇到危难而力士振奋。有德之士喜欢政治修明的环境，政治修明则有德之人得到任用。才能之士喜欢整治混乱的事情，治理乱世就要求贤访能。谋略之士喜欢谋划计策，大范围谋划寻求对策。能言善辩之士喜欢被皇帝垂讯，广结宾客寻求言谈敏捷之士。贪婪的人喜欢积聚钱财，钱财聚集则贪者加大其要求。受宠幸的幸臣喜欢当权者有过失。当权者有短处，则给宠幸者抓住把柄。如果推举他们实现志向，则没有人不欣然而乐的。这就是所说的"杼其所欲则喜"。欲望都尽情满足，还有什么怨恨呢？如果不发挥他们的能力，那么他们就不能得志。不能得志，就会忧愁不已。对自己才能得不到施展感到忧郁。所以没有建立功名事业，有雄心壮志的人就会对不能尽其才感到愤怒。对自己不能人尽其才感到愤恨。不遵从道德行为规范,正人君子就会对没有实行教化感到哀愁。对不能实现教化感到悲哀。政局混乱不能治理,有能力的人就会叹息自己的才能没有被使用。叹息才能不能被使用。敌人的能量没有消弭,则谋略之人会对奇计没被运用感到哀伤。奇计没被运用感到哀伤。钱财没有积累,则贪婪之人感到担忧。担心获取不到利益。权势之人不犯错误,受宠的幸臣会因不能弄权感到悲哀。哀叹不能够弄权。这就是所说的没有发挥他们的能力和特长,就产生怨恨。能力得不到发挥,能高兴吗? 人之常情没有不想处在别人前面的,所以对别人的自我夸耀,会感到厌恶。全都想领先别人,所以厌恶别人自夸。自我夸耀,都是想超过别人。所以一个人夸耀自己的长处,没有人不对他产生厌恶。厌恶他有超过自己之心。这就是所说的用自我夸耀的方法超越别人,就会被厌恶。所以通达事理的人从来不自夸。人之常情都想胜过别人,所以都喜欢别人的谦逊。谦逊所持的态度就是居人之下,居人之下有推让他人之意,所以人无论贤良还是愚钝,如果用谦逊的态度对待他,则没有人不表现出高兴的样子。不论有能力与否,都想超过别人。这就是所说的用谦虚自损的方法处人之下,别人就会喜悦。所以君子始终谦谦自下。人之常情全都想把短处掩盖起来,把长处表现出来。夸奖他的长处则高兴,触犯其短处则发怒。所以反驳别人的短处,就会使他感到愤懑,好像被东西覆盖一样。情绪之愤懑,好像有东西覆盖一样。这就是所说的触犯别人的短处,人家就会忌恨。覆盖阻塞,其心里就会忌恨恼怒。人之常情全都想超过比自己强的人,见别人胜过自己,就想超过他。因超过别人而自我夸耀虽被别人厌恶,但还没有被别人忌害。虽然厌恶自我夸耀,未生忌害之心。如果用自己的长处去反驳别人的短处,这就是所说的自夸己能犯人所短,就会受到妒害。用自己的长处,衡量别人的短处,从而自取其害,所以通达事理的人不做这样的事。凡此六种感情,归根结底全都是想处在别人之上。自高自大,人人如此。所以君子待人接物,虽受到冒犯而不去计较他的态度。知道人情好胜,所以别人小有冒犯,从不计较。不计较,就不会不敬而下之,所以会避免别人的妒害。

行动务求谦虚恭敬,谁会害他? 小人则不是这样。既看不到事物变化的原因,不洞悉嫉妒陷害之心产生的征兆。又想让人们顺从自己,想让别人顺从自己。他们把别人假装的爱敬当做对自己特殊的看待,孔光对董贤恭恭敬敬,董贤就欣然自喜。把别人因偶然遇到而相邀看做是对自己的轻视,说他不是出于本心,恨其轻视自己。如果触犯了他的痛处,他们就会产生深切的怨恨。小人容易高兴但却难于与他共事。这就是观察人感情变化的原因,就可以知道他的心志是善美还是卑劣了。贤明的人志在谦恭处下,卑劣的人志在居人之上。所以宁静淡泊的君主以正道驾驭他们,以贪者之忧为教训,以幸者之悲为警戒,这样做以后,就可以做到人不自夸,下不凌上,贤者各当其位,治理井然有序。

何谓观其所短以知所长? 夫偏材之人,皆有所短。智不能周也。故直之失也,讦。刺讦伤于义,故其父攘羊其子证之[①]。刚之失也,厉。刚切伤于理,故谏君不从承之以剑[②]。和之失也,懦[③]。懦弱不及道,故宫之奇为人懦不能强谏[④]。介之失也[⑤],拘[⑥]。拘愚不达事,尾生守信死于桥下[⑦]。夫直者不讦,无以成其直,既悦其直,不可非其讦,用人之直,恕其讦也。讦也者,直之征也。非讦不能为直。刚者不厉,无以济其刚,既悦其刚,不可非其厉,用人之刚,恕其厉也。厉也者,刚之征也。非厉不能为刚。和者不懦,无以保其和,既悦其和,不可非其懦,用人之和,恕其懦也。懦也者,和之征也。非懦不能为和。介者不拘,无以守其介,既悦其介,不可非其拘,用人之介,恕其拘也。拘也者,介之征也。非拘不能为介。然有短者,未必能长也。纯讦之人未能正直。有长者,必以短为征。纯和之人征必懦弱。是故观其征之所短,而其材之所长可知也。欲用其刚,必采之于厉。

【注释】

①攘羊：窃取羊。《论语·子路》："吾党有直躬者，其父攘羊而子证之。"

②谏君不从承之以剑：即毛遂谏楚王之事。见本书《材理第四》注。

③懦：软弱。

④官之奇为人懦不能强谏：官之奇，春秋时虞国人，虞国大夫。对内忠心耿耿辅佐虞君，对外主张联合虢国抗拒晋国的策略。僖公五年（前655）晋国向虞国借道攻打虢国，实际想先吃掉虢国，再消灭虞国。官之奇看出了晋国的野心，他用唇亡齿寒的道理力谏虞公，不要把道路借给晋国。可是虞公不听，官之奇便带族人离开虞国。晋国灭掉虢国后，回手就把虞国灭了。

⑤介：指独特的节操或行为。《孟子·尽心上》："柳下惠不以三公易其介。"

⑥拘：拘泥。《汉书·艺文志》："及拘者为之，则牵于禁忌，泥于小数，舍人事而任鬼神。"

⑦尾生守信死于桥下：《庄子·杂篇·盗跖》记载：尾生与女子期于梁下，女子不来，水至不去，尾生抱梁柱而死。

【译文】

什么叫做"观其所短以知所长"？偏才之人的性情，都有他的短处。智不能周全。所以正直引起的过失，在于揭露别人的短处。正直的揭发伤于义，如父亲偷羊他的儿子揭发。刚强引出的过失，在于对人严厉。刚强伤于理，如劝谏君主不被接受便以刀剑相谏。温和引出的过失，在于软弱。软弱达不到道义，如官之奇为人软弱不能坚定地劝谏虞国君主。独特节操引出的过失，在于拘泥。拘泥愚憨不达事理，如尾生为了守信而被淹死在桥下。然而刚直而不揭露别人的短处，就不能够成就其刚直，既然喜欢他的刚直，就不能否定他对别人短处的揭露，用人的直率，宽容他的攻讦。揭露别人的短处，是刚直的特征。没有攻讦不能成其直率。刚强而不严厉，不能成就其刚强，既然喜欢他的刚强，就不能否定他的严厉，用人的刚强，宽容他的严厉。严厉，是刚强的特征。没有严厉不能成其刚强。温和而不软弱，就不能保持他的温和，既然喜欢他的温和，就不能否定他的软弱，用人的平和，宽容他的软弱。软弱，是温和的特征。没有软弱不能成其平和。有独特节操的人不拘泥，就不能守住他的节操，既然喜欢他的节操，就不能否定他的拘泥，用人的节操，宽容他的拘泥。拘泥，是独特节操的特征。没有拘泥不能成其节操。这就是说有短处的，未必能变成长处。纯粹的攻讦之人未必能正直。有长处的，必定有短处作为特征。纯粹的平和之人必有软弱特点。所以观察其特征的短处，就能够知道他才能的长处了。想用他的刚强，必须接受他的严厉。

何谓观其聪则以知所达？夫仁者，德之基也。载德而行。义者，德之节也①。制德之所宜也。礼者，德之文也②。礼，德之文理也。信者，德之固也③。固，德之所执也。智者，德之帅也④。非智不成德。夫智出于明。明达乃成智。明之于人，犹昼之待白日，夜之待烛火。火日所以照昼夜，智达所以明物理。其明益盛者⑤，所见及远。火日愈明所照愈远，智达弥明理通弥深。及远之明难⑥，圣人犹有不及。是故守业勤学，未必及材。生知者上，学能者次。材艺精巧，未必及理⑦。因习成巧，浅于至理⑧。理义辨给，未必及智。理成事业，昧于玄智。智能经事，未必及道⑨。役智经务，去道远矣。道思玄远，然后乃周⑩。道无不载，故无不周。是谓学不及材，材不及理，理不及智，智不及道。道智玄微，故四变而后及。道也者，回覆变通。理不系一，故变通之。是故别而论之，各自独行，则仁为胜。仁者济物之资，明者见物而已。合而俱用，则明为将。仁者待明，其功乃成。**故以明将仁,则无不怀**⑪。威以使之,仁以恤之。**以明将义,则无不胜**。示以断割之宜。**以明将理,则无不通**。理若明练⑫,万事乃达。**然则苟无聪明,无以能遂**。暗者昧时,何能成务成遂?**故好声而实**⑬,**不克则恢**⑭。恢迂远于实⑮。**好辩而理,不至则烦**⑯。辞烦而无正理。**好法而思**⑰,**不深则刻**⑱。刻过于理。**好术而计,不足则伪**⑲。伪,诬诈也。**是故钧材而好学**⑳,**明者为师。比力而争,智者为雄。等德而齐,达者称圣。圣之为称,明智之极名也**。是以动而为天下法,言而为万世范。居上位而不亢,在下位而不闷。**是以观其聪明,而所达之材可知也。**

【注释】

①德之节也:调节道德的东西。即下文刘昺所说"制德之所宜也"。

②德之文也:使道德更美丽的纹饰。"文"即"纹",纹饰,纹理。

③德之固也:道德所持守、坚持的东西。

④德之帅也:道德中起主导作用的部分。帅,起主导作用的人或事物。《孟子·公孙丑上》:"夫志,气之帅也。"

⑤其明益盛者:光明越加盛大。

⑥及远之明难:照到远处的光明是很难做到的。

⑦理:深层的道理。

⑧"因习成巧"二句:通过习练掌握技巧,但不明白深层的道理。

⑨道:事物的根本规律。

⑩周:完备,充足。《左传·文公三年》:"君子是以知秦穆公之为君也,举人之周也,与人之壹也。"杜预注:"周,备也。"

⑪怀:归向。《尚书·皋陶谟》:"安民则惠,黎民怀之。"孔安国传:"爱则民归之。"

⑫明练：明达纯熟。《世说新语·品藻》："司马文王问武陔：'陈玄伯何如其父司空？'陔曰：'通雅博畅，能以天下声教为己任者，不如也；明练简至，立功立事，过之。'"

⑬好声而实：喜好名声而又符合实际。

⑭不克则恢：不能够达到就是不合实际。即下文刘昺所说"恢迂远于实"。

⑮恢迂：迂阔。

⑯不至则烦：达不到则语言繁冗。

⑰好法而思：喜好遵循法律而进行思考。

⑱不深则刻：达不到深度就属于苛刻。刻，苛刻。《吕氏春秋·处方》："齐令周最趣章子急战，其辞甚刻。"陈奇猷校释："今语谓'言语刻薄'，即此谓辞刻也。"

⑲不足则伪：达不到就是诡诈欺诈。

⑳均材：素质才能相等。

【译文】

什么叫做"观其聪则以知所达"？仁，是道德的根基。仁是德的载体。义，是道德的调节器。义使德恰到好处。礼，是使道德更美丽的纹饰。礼是美化德的纹饰。信，是道德所持守和坚持的东西。固，是德所坚持的东西。智，是道德中起主导作用的部分。没有智不能成德。智从明中产生。明理通达才能成智。明对于人来说，就好像白天依靠太阳而成，黑夜依靠烛火而亮。火和太阳用来照亮昼夜，智慧和明达用来通晓物之道理。光明越盛大，所照越远。火光日光越亮照得越远，智慧明达越明道理通得越深。然而照到远处的光明是很难达到的，圣人还有不到的地方。所以恪守学业勤奋学习，未必能够成材。生而知者为上，学习而能者次之。材艺精巧，未必能达到深层次的道理。因反复练习而熟练，还达不到极深的道理。能够滔滔不绝地讲说理义，未必能达到智的程度。道理能做成事情，但不通玄远的智慧。有能够成就事业的智慧，未必能掌握事物的根本规律。使用智能经营事务,离道还远着呢。掌握了事物的根本规律才能够思考深远,然后才能够使要办的事情完备周全。道无所不承载,没有达不到的地方。这就是说学习不如成才深远,成才不如知理深远,知理不如有智慧深远,有智慧不如掌握根本规律深远。道和智玄远微妙,所以经过反复辨析才能达到。掌握根本规律,要通过反复曲折变通。理不表现为唯一,所以要变通。所以如果分别论之,从它们单独运行的角度,那么仁是重要的。仁是成就事物的保障,明只是使事物更清楚而已。如果把它们合在一起考虑,明就成为起主导作用的了。仁者依靠明,才能成功。所以用明来统帅仁,就会没有人不归附他。威用来役使人,仁用来抚恤人。用明来统帅义,就会战无不胜。指示决断的适宜程度。用明来统帅理,就会无所不通。道理如果明达纯熟,万事可成。这就是说如果没有聪明,就失去了通向成功的道路。愚暗者看不清时机,什么事情能够办成呢?所以说喜好名声而又符合实际,不能够达到就是不合实际。迂阔者离实际很远。喜好言辩而通晓道理,如果达不到就是语言繁冗却不能切中正理。冗词繁语而没有正理。喜好遵循法律而进行思考,如果达不到深度就属于苛刻。苛刻甚于道理。喜欢谋略又能谋划奇计,如果达不到就是诡诬欺诈。伪,诡诬欺诈的意思。所以素质才能相等而又好学,聪明的人能为老师。力量相等而互相角斗,智慧的人为胜者。道德水平相等,通达的人为圣人。圣人的称呼,是对极端明智的人而言的。所以行动为天下法则,语言为万世规范。居上位而不亢奋,在下位而不沉闷。所以说观察其聪明程度,他能够达到什么样的人才标准就可以知道了。

七缪第十 人物之理，妙而难明。以情鉴察，缪犹有七。

【题解】

本章论述了考察人才时容易产生的七种谬误：一、察誉有偏颇之缪；二、接物有爱恶之惑；三、度心有大小之误；四、品质有早晚之疑；五、变类有同体之嫌；六、论材有申压之诡；七、观奇有二尤之失。避免的方法：第一，认识一个人不能只凭众人对他怎样评价；第二，不要只凭自己的好恶；第三，不要对人全面地肯定或否定；第四，用发展的眼光看待一个人；第五，认识同类人之间关系的复杂性；第六，不能忽视一个人所处的具体环境；第七，考察人才既不能主观臆断独断专行，也不能人云亦云没有自己的主张。

刘昺注译文：人才的规律，微妙而难明。以感情来观察鉴别，犹有七种谬误。

七缪①：一曰察誉有偏颇之缪②；征质不明，故听有偏颇也。二曰接物有爱恶之惑③；或情同忘其恶，或意异违其善也。三曰度心有大小之误④；或小知而大无成，或小暗而大无明。四曰品质有早晚之疑⑤；有早智而速成者，有晚智而晚成者。五曰变类有同体之嫌⑥；材同势均则相竞，材同势倾则相敬。六曰论材有申压之诡⑦；藉富贵则惠施而名申，处贫贱则乞求而名压。七曰观奇有二尤之失⑧。妙尤含藏，直尤虚瑰，故察难中也。

【注释】

①七缪：鉴别人才的七种谬误。缪，同"谬"。

②察誉：考察名声。

③爱恶之惑：被个人的爱恶所迷惑。

④大小：指人的素质中明与智的大小。

⑤早晚：指人的智慧发展的早晚。

⑥变类有同体之嫌：分辨人才类别，要在同才异势之间进行猜测。

⑦申压之诡：名声长消的相反运动。诡，违背，相反。《管子·四时》："刑德合于时则生福，诡则生祸。"

⑧二尤：指尤妙和尤虚。后面文中有论述。

【译文】

七谬：第一是考察人的声誉时会出现偏颇的谬误；对表现和实质不明白，所以听闻有偏颇。第二是待人接物时会受个人好恶的迷惑；或因情感相同而忘记其恶，或因意见不同而违其善。第三是审查心志时会有对其素质中明与智大小判断的失误；或小智慧而干不成大事，或小愚暗而大事不明白。第四是考察人的素质时会有不知道他的智慧发展早晚的疑惑；有智力早熟成长迅速的，有智力晚熟而成才晚的。第五是分辨人才类别时要在同才异势之间进行猜测；才干能力等同则互相竞争，才干能力不等则互相尊敬。第六是在评论人才时会有名声长消的相反运动；凭借富贵施予恩惠则名声扬，处在贫贱而且乞求则名声抑。第七是观察奇才时有认识人才尤妙和尤虚的失误。妙尤之人才能含而不露，直尤之人徒有光鲜的外表，所以考察他们的内心是很难的。

夫采访之要①，不在多少。事无巨细，要在得正。然征质不明者②，信耳而不敢信目。目不能察，而信于耳。故人以为是，则心随而明之。人以为非，则意转而化之③。信人毁誉，故向之所是④，化而为非。虽无所嫌，意若不疑⑤。信毁誉者，心虽无嫌，意固疑矣。且人察物，亦自有误。爱憎兼之，其情万原⑥。明既不察，加之爱恶，是非是疑，岂可胜计？不畅其本，胡可必信⑦？去爱憎之情，则实理得矣。是故知人者，以目正耳。虽听人言，常正之以目。不知人者，以耳败目⑧。亲见其诚，犹信毁而弃之。故州闾之士⑨，皆誉皆毁，未可为正也。或众附阿党，或独立不群。交游之人誉不三周⑩，未必信是也。交结致誉不三周，色貌取人而行违之。夫实厚之士⑪，交游之间，必每所在肩称⑫。言忠信行笃敬，虽蛮貊之邦行矣⑬。上等援之⑭，下等推之，蛮貊推之，况州里乎。苟不能周，必有咎毁⑮。行不笃敬者，或谄谀得上而失于下，或阿党得下而失于上。故偏上失下，则其终有毁。非之者多，故不能终。偏下失上，则其进不杰⑯。众虽推之，上不信异。故诚能三周，则为国所利。此正直之交也。由其正直，故名有利。故皆合而是⑰，亦有违比⑱。或违正阿党，故合而是之。皆合而非，或在其中。或特立不群，故合而非之。若有奇异之材，则非众所见。奇逸绝众，众何由识。而耳所听采，以多为信⑲。不能审查其材，但信众人言也。是缪于察誉者也。信言察物必多缪失，是以圣人如有所誉，必有所试。

【注释】

①采访：搜求寻访。

②征质：外部特征与内在品质。

③意转而化之：改变自己的看法而发生转化。

④向：以前。《春秋穀梁传·成公二年》："今之屈，向之骄也。"

⑤意若不疑：心里哪能不怀疑。若，哪。唐李贺《南园》诗之五："请君暂上凌烟阁，若个书生万户侯？"

⑥万原：即万源。

⑦胡：怎么。《诗·邶风·日月》："胡能有定？宁不我顾！"毛亨传："胡，何。定，止也。"郑玄笺："宁犹曾也。君之行如是，何能有所定乎？"

⑧败目：扰乱观察。败，扰乱。《荀子·解蔽》："其为人也善射以好思，耳目之欲接则败其思；蚊虻之声闻则挫其精。"

⑨州间：古代地方基层行政单位。《礼记·曲礼上》："夫为人子者，三赐不及车马，故州间乡党称其孝也。"郑玄注："《周礼》二十五家为间，四间为族，五族为党，五党为州。"此处泛指乡里。

⑩三周：多次做成事情。三，泛指多。周，成就事情。晋干宝《搜神记》卷十三："鲁人弦歌祭祀，穴中无水，每当祭时，洒扫以告，辄有清泉自石间出，足以周事。"

⑪实厚：笃实淳厚。

⑫每所在肩称：常常受到所在地方的称赞。

⑬蛮貊：古代称南方和北方少数民族。亦泛指华夏周边少数民族。《尚书·武成》："华夏蛮貊，罔不率俾。"

⑭援：举荐，提拔。《礼记·儒行》："其举贤援能有如此者。"

⑮咎毁：即"咎悔"。毁，同"悔"。

⑯杰：突出。《诗·周颂·载芟》："驿驿其达，有厌其杰。"毛亨传："杰，言杰苗厌然特美也。"孔颖达疏："杰，谓其中特美者。"

⑰皆合而是：全都迎合进行肯定。

⑱违比：违背正直，逢迎结党。

⑲以多为信：相信多数人所说的话。

【译文】

搜求寻访人才的关键,不在于所听到的情况多少。无论事大事小,关键在于得到正确的东西。然而看不清人的外部特征与内在品质的人,常常相信耳朵而不相信眼睛。眼不能明察,而相信耳闻。所以当别人以为应该肯定是,他就随着相信并认为自己观察得很准。当别人认为应当否定时,他就改变自己的看法而转向反面。相信别人的诋毁或赞誉,所以以前认为对的,又变为不对的。相信别人毁誉的人虽然从内心与之没有嫌隙,但他听到别人的毁誉后哪能没有怀疑呢? 相信别人的诋毁或赞誉的人,心里虽然没有嫌隙,但感情上确实有怀疑。况且人们对事物的观察,本身也是有不准确的地方。再加上外界爱憎的干扰,所发生的疑惑就更多了。既不能明察,再加上固有的爱恶之情,否定怀疑,怎么能数得清? 这种观察从根本上就发生了问题,怎么能够必信不疑呢? 去掉固有的爱憎之情,就能够获得真实的道理了。所以能够知人的,能用他所看到的去纠正所听到的。虽然听人说,也常以眼见的东西加以纠正。不能知人的,常被所听到的情况干扰。亲眼见到他的真诚,还是相信诋毁之言将其放弃。所以在乡里生活的一般人,一般全都受到赞誉或诋毁,这些未必都是正确的。或成群结党,或卓然独立。所交际的人如果不是多次让他做成事请,就不一定要信任他。靠交结取得声誉而不去多做成几件事,以色貌取人又猜疑他。笃实敦厚的人,他们与人交际的时候,必定常常受到所在地方的称誉。言忠信行笃敬,即使在边远民族也是推崇的行为。上边的人拔举他,下边的人举荐他,边远民族都推崇,何况中原呢? 如果他不能够办成事情,上下之人必定有所后悔。行为不笃厚诚敬的人,或者取媚于上而失于下,或者在下结党而失于上。所以偏重上层而失去了下层的称誉,那么其结果必定遭到诋毁。否定他们的人多,所以不能有好结果。偏重下层而失去了上层的看重,那么他的进身就不会有突出的地位。众人虽推崇他,上边却不信任他。所以如果能多次让他办成事情,就会对国家有利。这是正直的交往。因为他正直,所以说有利。所以对一个人全都合起来进行肯定,就有违背正直，逢迎结党的嫌疑。有的人违背正直而结党拉众，所以全都合起来而肯定他。全都合起来否定他，他反而倒有可能是个特立不群的人。有的人特立独群，所以全都合起来否定他。如果有奇异的人才，则不是一般人所能发现的。奇特超俗出于众人之上，众人怎么能认识他？而相信耳朵听到的情况，是只听信众人所言的做法。不能审查他的才能，只听信众人的话。这是考察人的声誉时所发生的谬误。用听信人言的方法去考察人物必然会多失误，所以圣人如果要称赞一个人，必先对他进行检验。

夫爱善疾恶，人情所常。不问贤愚，情皆同之也。苟不明质，或疏善、善非①。非者见善，善者见疏，岂故然哉？由意不明。何以论之？夫善非者，虽非犹有所是。既有百非，必有一是。以其所是，顺己所长，恶人一是，与己所长同也。则不自觉情通意亲②，忽忘其恶。以与己同，忘其百非。谓矫驾为至孝③，残桃为至忠④。善人虽善，犹有所乏。虽有百善，或有一短。以其所乏⑤，不明己长⑥。善人一短，与己所长异也。以其所长，轻己所短，则不自知志乖气违⑦，忽忘其善。以与己异，百善皆弃。谓曲杖为匕首，葬楮为反具耶⑧！是惑于爱恶者也。征质暗昧者，其于接物，常以爱恶惑异其正。

【注释】

①疏善：善者被疏远。善非：不对的被认为是对的。

②情通意亲：感情相通心意亲近。

③矫驾为至孝：语见《韩非子·说难》："昔者弥子瑕有宠于卫君。卫国之法，窃驾君车者罪刖。弥子瑕母病，人闻，有夜告弥子，弥子矫驾君车以出，君闻而贤之曰：'孝哉，为母之故，忘其犯刖罪。'"矫驾，偷驾。

④残桃为至忠：语见《韩非子·说难》：弥子瑕与卫君游于果园，食桃发现很甜，把剩下的一半给卫君，卫君说："爱我哉，忘其口味，以啖寡人。"残桃，咬剩下的桃子。

⑤以其所乏：因为他（指善美之人）有短处。

⑥不明己长：看不清自己的长处。

⑦志乖气违：志趣相悖，精神相异。

⑧葬楯为反具：《史记·周勃世家》记载：周亚夫的儿子为周亚夫买甲盾作为葬具。周亚夫失宠，被捕入狱。狱官责问说："你要造反吗？"周亚夫说："臣所买器，乃葬器也，何谓反邪？"吏曰："君侯纵不反地上，即欲反地下耳。"

【译文】

　　热爱美善疾恨丑恶，这是人的常情。不论贤愚，都有这种感情。但如果认不清人的本质，可能会疏远美善、把不对的认为是对的。不好的人被善待，好人被疏远，岂是固然如此？是由于内心不明白。为什么这样说呢？那些被认为是对的而实际上是不对的人，即使有很多的不对也有对的地方。即使有一百不对，也必然有一个对处。因为他有对的地方，又与自己所长相合，恶人的一个是处，与自己的长处是相同的。就会不自觉与之感情相通心意亲近，而忽视了他的丑恶之处。因为与自己长处相同，所以忘记了他其他的邪恶。正如卫国国君把偷驾国君车乘视为最孝顺，把给自己咬剩下的桃子视为最忠诚。善美的人虽有很多长处，但是也有他的短处。虽有一百个美善，可能有一个短处。因为他有短处，这些短处又与自己的长处不同，便认不清自己的长处。善人的一个短处，与自己的长处也不一样。因为善美之人的长处，轻视自己的短处，就会不自觉地与之志趣相悖精神相异，忽略并忘掉了他的美善。因为与自己的长处不同，就置他其他的美善不顾。这就是把曲杖看做匕首，把冥器当做造反的证据。这是在审查人才时被自己的喜爱和厌恶所迷惑的情况。内外全暗昧者，其待人接物的时候，经常因为个人爱恶惑乱改变正确的东西。

夫精欲深微①,质欲懿重②,志欲弘大,心欲嗛小③。精微,所以入神妙也。粗则失神。懿重,所以崇德宇也④。躁则失身。志大,所以戡物任也⑤。小则不胜。心小,所以慎咎悔也。大则骄陵。故《诗》咏文王⑥,"小心翼翼"⑦,"不大声以色"⑧,小心也。言不贪求大名声,见于颜色。"王赫斯怒"⑨,"以对于天下"⑩,志大也。故能诛纣定天下,以致太平。由此论之,心小志大者,圣贤之伦也。心小,故以服事殷;志大,故三分天下有其二。心大志大者,豪杰之隽也。志大而心又大,故名豪隽。心大志小者,傲荡之类也⑪。志小而心阔远,故为傲荡之流也。心小志小者,拘懦之人也⑫。心近志短,岂能弘大。众人之察,或陋其心小⑬,见沛公烧绝栈道⑭,谓其不能定天下。或壮其志大⑮,见项羽号称强楚,便谓足以匡诸侯⑯。是误于小大者也。由智不能察其度,心常误于小大⑰。

【注释】

①精:精神。

②质:素质。懿重:美好厚重。

③嗛(qiǎn)小:谦虚谨慎。嗛,同"谦"。

④崇德宇:增加气度。德宇,气度,器量。《世说新语·赏誉上》"山涛以下,魏舒以上"刘孝标注引《晋阳秋》:"济(即王济)有人伦鉴识,其雅俗是非,少有优润,见湛(即王湛)叹服其德宇。"

⑤戡物任:能够担当重任。戡,同"堪"。

⑥文王:即周文王。见前注。

⑦小心翼翼:语出《诗经·大雅·大明》:"维此文王,小心翼翼。昭事上帝,聿怀多福。"郑玄笺:"小心翼翼,恭慎貌。"

⑧不大声以色:语出《诗经·大雅·皇矣》:"帝谓文王:予怀明德,

不大声以色,不长夏以革。"

⑨王赫斯怒:语出《诗经·大雅·皇矣》:"王赫斯怒,爰整其旅,以
　　按徂旅,以笃于周祜。"

⑩以对于天下:出处同注⑨。

⑪傲荡:傲慢放荡。

⑫拘懦:拘谨懦弱。

⑬陋:轻视,鄙视。班固《两都赋序》:"西土耆老,咸怀怨思,冀上之
　　睠顾,而盛称长安旧制,有陋雒邑之议。故臣作《两都赋》,以极
　　众人之所眩曜,折以今之法度。"

⑭沛公烧绝栈道:项羽称霸,封刘邦为汉王。刘邦前往封国汉中,
　　项羽派卒三万人从之。刘邦进入汉中,烧绝栈道,以备诸侯盗兵
　　袭之,亦示项羽无东意。沛公,即刘邦。

⑮壮:推崇,赞许。《汉书·扬雄传上》:"先是时,蜀有司马相如,作
　　赋甚弘丽温雅,(扬)雄心壮之,每作赋,常拟之以为式。"

⑯匡:即"框"。约束,限制。

⑰小大:指心志的小大。

【译文】

　　精神要深邃微妙,素质要美好厚重,志向要恢弘远大,胸襟要谦虚
谨慎。精细入微,是达到神奇美妙境界的途径。粗疏则失神。美好厚重,
是实现增大气度的手段。急躁则失身。志向远大,是承担重任的条件。
志小则不胜任。小心谨慎,是防止过失悔恨的方法。志大则傲气凌人。所
以《诗经》歌颂周文王,"小心翼翼","不大声以色",这是说他的小心谨
慎。说他不贪求大名声,声色都表现得小心翼翼。"王赫斯怒","以对于天
下",是歌颂他志向远大。所以能够讨伐商纣平定天下,实现太平。由此而
论,心小志大的人,属于圣贤之类。心小,所以能够服事殷商;志大,所以具
有三分之二的天下。心大志大的人,是豪杰中的俊秀。志大心也大,故名豪
俊。心大志小的人,属于傲慢放荡之类。志小而心阔远,所以为傲荡之流。

心小志小的人，是拘谨懦弱之人。心近志短，怎能做出宏大事业？**而一般人对人才的观察，或者鄙视被观察者的心小，看到刘邦烧毁栈道，就说他不能平定天下。或者赞许被观察者的志大，看到项羽建立楚国，就说他足以制服诸侯。这都是对心志大小错误的判断造成的。**这是由于其智慧不能知道对象的度量，对志大与志小的判断常出现错误。

　　夫人材不同，成有早晚。有早智而速成者，质清气朗生则秀异，故童乌苍舒总角曜奇也①。**有晚智而晚成者，**质重气迟则久乃成器，故公孙弘道老而后章②。**有少无智而终无所成者，**质浊气暗终老无成，故原壤年老，圣人叩胫而不能化③。**有少有令材遂为隽器者④。**幼而通理，长则愈明，故异材发奇于应宾⑤，效德于公相。**四者之理，不可不察。当察其早晚，随时而用之。夫幼智之人，材智精达，然其在童髦皆有端绪⑥。仲尼戏陈俎豆⑦，邓艾指图军旅⑧。故文本辞繁⑨，**初辞繁者，长必文丽。**辩始给口⑩，**幼给口者，长必辩论也。**仁出慈恤⑪，**幼慈恤者，长必称人。**施发过与⑫，**幼过与者，长必好施。**慎生畏惧⑬。**幼多畏者，长必谨慎。**廉起不取⑭。**幼不妄取，长必清廉。**早智者浅惠而见速⑮，**见小事则达其形容。**晚成者奇识而舒迟⑯，**智虽舒缓，能识其妙。**终暗者并困于不足⑰，**事务难易，意皆昧然。**遂务者周达而有余⑱。**事无大小，皆能极之。**而众人之察，不虑其变，**常以一概责于终始。**是疑于早晚者也⑲。**或以早成而疑晚智，或以晚智而疑早成，故于品质常有所失也。

【注释】

①童乌：西汉扬雄的儿子。扬雄《法言》："育而不苗者，吾家之童乌

乎！九龄而与我《玄》文。"《华阳国志·序志》说："文学神童扬乌，雄子，七岁预父《玄》文，九岁卒。"苍舒：即仓舒，见本书《材理四》注。总角：指儿童。古时儿童束发为两结，向上分开，形状如角，故称总角。《诗经·齐风·甫田》："婉兮娈兮，总角丱兮。"郑玄笺："总角，聚两髦也。"孔颖达疏："总角聚两髦，言总聚其髦以为两角也。"

②公孙弘道老而后章：《史记·公孙弘传》载：汉武帝时，淮南王、衡山王谋反。公孙弘病重，自以为无功而封，位至丞相，应该辅佐明主镇抚国家，让人们遵循臣子之道。如今诸侯有畔逆之计，都是由于宰相不称职，乃上书告老辞职。武帝回答说："君不幸罹霜露之病，何恙不已，乃上书归侯，乞骸骨，是章朕之不德也。"

③圣人叩胫而不能化：见本书《八观第九》注。

④令材：良才。隽器：杰出的人才。

⑤发奇于应宾：指孔融应答李膺之事。《后汉书·孔融传》记载：孔融十岁时，随父进京。时河南尹李膺以简重自居，不随便接待宾客，告诉门人非当世名人及与通家，皆不得通报。孔融欲观其人，故造膺门，对门人说："我是李君通家子弟。"门者如言通报。李膺请孔融进，问他："高明祖父尝与仆有恩旧乎？"融曰："然。先君孔子与君先人李老君同德比义，而相师友，则融与君累世通家。"众坐莫不叹息。

⑥童髦：儿童时期。髦，古代儿童头发下垂至眉的一种发式。《仪礼·既夕礼》："既殡，主人说髦。"郑玄注："儿生三月，剪发为鬌，男角女羁，否则男左女右，长大犹为饰存之，谓之髦，所以顺父母幼小之心。至此尸柩不见，丧无饰，可以去之。髦之形象未闻。"

⑦仲尼戏陈俎豆：《史记·孔子世家》载："孔子为儿嬉戏，常陈俎豆，设礼容。"俎豆，祭祀礼器。《史记·乐书》："簠簋俎豆制度文章，礼之器也。"

⑧邓艾指图军旅:《三国志·魏书·邓艾传》记载:邓艾十二岁时,为稻田守丛草吏,"每见高山大泽,辄规度指画军营处所,时人多笑焉"。

⑨文本辞繁:文采产生于词汇丰富。

⑩辩始给口:善辩产生于口才好。给口,口才好。

⑪仁出慈恤:仁爱产生于慈善助人。

⑫施发过与:施舍产生于给予。

⑬慎生畏惧:谨慎产生于畏惧。

⑭廉起不取:清廉产生于不随便要人东西。

⑮浅惠而见速:看见一点小事就能够从神态中表现出来。

⑯奇识而舒迟:智力虽然舒缓却能认识精妙。

⑰终暗:终生愚昧糊涂。

⑱遂务:事业顺利。

⑲早晚:指智力发展的早晚。

【译文】

人才各不相同,成才有早有晚。有的人因智力发展成熟很早而很快成才,气质清朗则产生优秀突出之人才,所以童乌、仓舒童年时即发出奇异的智慧之光。有的人因智力发展成熟很晚而大器晚成,气质迟缓不敏捷则成器的过程较长,所以公孙弘告老时才彰显劝谏之才。有的人从小没有智慧而终身没有成就,气质浊暗则到老一无所成,所以原壤年老时仍不拘礼节,孔子以杖叩其腿也不能改变他。有的人从小具备良才而成为佼佼者。幼年通达道理,长大更加聪明,所以孔融做李膺宾客应答使人惊奇,长大后能为国家效德出力。这四方面的道理,不可以不审察。当考察其聪慧产生的早晚,根据情况而任用他们。从小有智慧的人,才智精明通达,然而他在儿童时期就表现出端倪。孔子童年时的游戏就是陈设礼器,演习礼仪。邓艾少年时就布阵行营,演习军事。所以,文采产生于词汇丰富,年幼时词汇多,长大后必有文采。善辩产生于口才好,年幼时口才好,长大后必善于辩论。仁爱产生于慈善助人,年幼时慈善助人,长大后必同情有困难的人。施舍产生于给予,年幼时常把东西给人,长大后必好施舍给予。谨慎产生于畏惧,年幼时胆小,长大后必谨慎。清廉产生于不随便要人东西。幼年时不随便要别人东西,长大后必清廉。智力成熟早的人看见一点小事就能够从神态中表现出来,从小事表现出智慧的神态。大器晚成的人智力虽然舒缓却能认识精妙,智力虽然舒缓,却能认识精妙。终生愚昧糊涂的人在许多事务上都因才智不足而困窘,事物的难易,一概不清楚。事业顺利的人诸事通顺而游刃有余。事无大小,全能做得很好。而一般人对人才的考察,往往不考虑这些变化,常常一成不变地看待其发展过程。这就是在人才智力成熟早晚方面的疑惑。或者以早熟的标准怀疑智力晚成,或者以大器晚成的标准怀疑智力早熟,所以常常失去发现人优良品质的机会。

　　夫人情莫不趣名利①,避损害。名利之路,在于是得②。是得在己,名利与之。损害之源,在于非失③。非失在己,损害攻之。故人无贤愚,皆欲使是得在己。贤者尚然,况愚者乎? 能明己是,莫过同体④。体同于我,则能明己。是以偏材之人,交游进趋之类⑤,皆亲爱同体而誉之,同体能明己,是以亲而誉之。憎恶对反而毁之⑥,与己体反,是以恶而疏之。序异杂而不尚也⑦。不与己同,不与己异,则虽不憎,亦不尚之。推而论之,无他故焉。夫誉同体,毁对反,所以证彼非而著己是也。由与己同体,故证彼非而著己是也。至于异杂之人,于彼无益,于己无害,则序而不尚。不以彼为是,不以己为非,都无损益,何所尚之? 是故同体之人,常患于过誉,譬俱为力人,则力小者慕大,力大者提小,故其相誉常失其实也。及其名敌⑧,则斲能相下⑨。若俱能负鼎,则争胜之心生,故不能相下。是故直者性奋,好人行直于人⑩,见人正直则心好之。而不能受人之讦。刺己之非则讦而不受。尽者情露⑪，好人行尽于人⑫，见人颖露⑬，则心好之。而不能纳人之径⑭。说己径尽，则违之不纳。务名者乐人之进趋过人⑮，见人乘人⑯，则悦其进趋。而不能出陵己之后⑰。人陵于己，则忿而不服。是故性同而材倾，则相援而相赖也。并有旅力，则大能奖小。性同而势均，则相竞而相害也。恐彼胜己，则妒善之心生。此又同体之变也。故或助直而毁直，人直过于己直，则非毁之心生。或与明而毁明，人明过于己明，则妒害之心动。而众人之察不辨其律理⑱，是嫌于体同也⑲。体同尚然，况异体乎？

【注释】

①趣：趋赶。《诗·大雅·棫朴》："济济辟王，左右趣之。"毛亨传："趣，趋也。"

②是得：做得对并有所得。

③非失：做错事并有所失。

④同体：同类人。

⑤进趋：追求，求取。

⑥对反：对立相反。

⑦序异杂而不尚：把异杂之人放在既不憎恨也不推崇的位置上。即下文刘昺所说"不与己同，不与己异，则虽不憎，亦不尚之"。

⑧名敌：名望相当。敌，对等，相当。《孙子·谋攻》："敌则能战之。"曹操注："己与敌人众等，善者犹当设伏奇以胜之。"梅尧臣注："势力均，则战。"

⑨尠（xiǎn）：同"鲜"。相下：彼此谦让。

⑩好人行直于人：喜欢行为刚直的人。即下文刘昺所说"见人正直则心好之"。

⑪尽者：坦诚直率有什么说什么。

⑫好人行尽于人：喜欢对别人直率尽其所言的人。

⑬颖露：露出锋芒，比喻才华显露。

⑭不能纳人之径：不能接受对自己直率尽其所言。径，直接，引申为直率尽其所言。

⑮乐人之进趋过人：喜欢进趋超过别人的人。

⑯乘人：凌驾别人之上。

⑰不能出陵己之后：不能处在高于自己的人的后面。出，处于。汉刘向《列女传·殷纣妲己》："纣材力过人，手格猛兽，智足以拒谏，辩足以饰非，矜人臣以能，高天下以声，以为人皆出己之下。"陵，同"凌"。

⑱律理：规则和道理。

⑲嫌：疑惑。

【译文】

人之常情没有人不趋赶名利，躲避损害。获得名利的途径，在于做得对并有所得。做得对有所得，名利随之而来。受到损害的原因，在于做错事而有所失。做错事有所失，指责迎面而来。所以人无论贤能还是愚昧，全都想使自己做得对并有所得。贤者尚且如此，何况愚昧者呢？最能了解自己长处的，莫过于与自己同类的人。与自己同类，则能知道自己。所以偏才之人，所交际寻求的人，全都是与自己关系亲密的同类而称誉他们，同类能知己，所以亲近而称赞他。憎恶与自己对立相反的人并诋毁他们，与自己不同类，所以厌恶而疏远他。把异杂之人放在既不憎恨也不推崇的位置上。与自己既不是同类，也不是异类，则虽然不憎恨他，也不推崇他。推而论之，没有其他的原因。称誉同类的人，诋毁对立相反的人，都是用来证明别人不对自己对的。由于与自己是同类，所以要证明他的不对而显示自己正确。至于与自己既不同类又不对立的异杂之人，对别人没有益处，对自己没有害处，则既不憎恨也不崇尚。不认为对方正确，不认为自己不对，彼此没有损益，为什么互相推崇呢？所以同类之人，常常有过分称誉的毛病，譬如都是力士，力小者羡慕力大者，力大者提携力小者，所以互相夸赞，常失其实。至于名望相当的人，则很少能够谦让。如果都能够有举鼎之力，则争胜之心产生，所以不能互相谦让。所以刚直的人性情奋发，喜欢行为刚直的人，见到别人正直，则心里喜欢他。却不喜欢让他指责自己的过失。如果批评自己的不是则拒不接受。坦诚直率有什么说什么的人，喜欢对别人直率尽其所言的人，见到别人显露才华，则心里喜欢他。却不能接受对自己直率尽其所言。说自己直率毫无保留，则拒不接受。致力于追求名声的人，喜欢进取超过别人的人，见到凌驾别人之上的人，则喜欢他的进取。却不能处在高于自己的人的后面。如果别人凌驾于自己之上，则愤而不服。所以性情相同而能力差距大，则会互相提举互相依赖。都有臂力，则力大者能奖掖力小者。性情相同而能力均衡，则会互相竞争互相残害。恐怕对方胜过自己，则嫉妒之心产生。这又是同类人之间关系的变化。所以有的人扶助正直又诋毁正直，别人的率直超过自己的率直，则诋毁之心生出。有的人赞誉明智又诋毁明智，别人的明智超过自己的明智，则会萌动嫉妒陷害之心。而一般人审察人才是不去分辨其中的规则和道理，这是分辨同类人才方面的疑惑。同类人尚且如此，何况不同类的人呢？

夫人所处异势，势有申压。富贵遂达，势之申也。身处富贵，物不能屈，是以佩六国之印，父母迎于百里之外①。**贫贱穷匮，势之压也。**身在贫贱，志何申展，是以黑貂之裘敝，妻嫂慢于闺门之内②。**上材之人，能行人所不能行。**凡云为动静，固非众人之所及。**是故达有劳谦之称③，穷有著明之节。**材出于众，其进则衰多益寡④。劳谦济世，退则履道坦坦，幽人贞吉⑤。**中材之人，则随世损益⑥。**守常之智，申压在时。故势来则益，势去则损。**是故藉富贵则货财充于内，施惠周于外。**赀财有余，恣意周济。

见赡者⑦，求可称而誉之。感其恩纪⑧，匡救其恶，是以朱建受金而为食其画计⑨。见援者，阐小美而大之。感其引援，将顺其美，是以曹邱见接为季布扬名⑩。虽无异材，犹行成而名立⑪。夫富与贵，可不欣哉！乃至无善而行成，无智而名立，是以富贵妻嫂恭，况他人乎！处贫贱，则欲施而无财，欲援而无势。有慈心而无以拯，识奇材而不能援。亲戚不能恤，朋友不见济。内无蔬食之馈，外无缊袍之赠⑫。分义不复立⑬，恩爱浸以离⑭。意气皆空薄，分意何由立？怨望者并至⑮，归罪者日多。非徒薄己，遂生怨谤之言。虽无罪尤，犹无故而废也⑯。夫贫与贱可不慑哉！乃至无由而生谤，无罪而见废，是故贫贱妻子慢，况他人乎！故世有侈俭，名由进退⑰。行虽在我，而名称在世。是以良农能稼⑱，未必能穑⑲。天下皆富，则清贫者虽苦，必无委顿之忧⑳。家给人足，路人皆馈之。且有辞施之高㉑，以获荣名之利。得辞施之高名，受余光之善利。皆贫，则求假无所告㉒，家贫户乏，粟成珠玉。而有穷乏之患，且生鄙吝之讼㉓。乞假无遗，与嫂叔争糟糠。是故钧材而进有与之者㉔，则体益而茂遂㉕。己既自足，复须给赐，则名美行成，所为遂达。私理卑抑有累之者㉖，己既不足，亲戚并困。则微降而稍退㉗。上等不援，下等不推。而众人之观，不理其本，各指其所在，谓申达者为材能，屈压者为愚短。是疑于申压者也。材智虽钧，贵贱殊涂，申压之变，在乎贫富。

【注释】

①佩六国之印，父母迎于百里之外：《战国策·秦策一》：战国时，苏秦游说山东六国联合抗秦成功，身佩六国相印。路过家乡的时候，父母闻之，清宫除道，张乐设饮，郊迎三十里。妻侧目而视，

倾耳而听;嫂蛇行匍伏,四拜自跪谢。

②黑貂之裘敝,妻嫂慢于闺门之内:《战国策·秦策一》:战国时,苏秦游说秦王,不被秦王所用,悻悻而归。回家的时候十分狼狈:"黑貂之裘弊,黄金百斤尽,资用乏绝,去秦而归。嬴縢履屩,负书担橐,形容枯槁,面目犁黑,状有归色。"到家后,妻子不放下手中的针线活,嫂子不为他做饭,父母不和他说话。慢,怠慢。

③劳谦:勤劳谦恭。《易·谦》:"劳谦,君子有终,吉。"

④裒(pón)多益寡:削减有余以补不足。裒,减少,削减。《易·谦》:"君子以裒多益寡,称物平施。"朱熹本义:"裒多益寡,所以称物之宜而平其施,损高增卑以趋于平,亦谦之意也。"

⑤幽人贞吉:谓人能守正道而不自乱则吉。《易·履》:"九二,履道坦坦,幽人贞吉。象曰:幽人贞吉,中不自乱也。"孔颖达疏:"幽人贞吉者,既无险难,故在幽隐之人,守正得吉。"

⑥随世损益:随着时势的变化而增减。即下文刘曮所说"势来则益,势去则损"。

⑦见赡者:受到救济的人。

⑧恩纪:恩情。

⑨朱建受金而为食其画计:据《史记·郦生陆贾列传》载:朱建事母甚孝,其母死后,家贫无以为葬。审食其送重金帮助朱建。审食其后被人谗毁下狱,将被杀。审食其派人向朱建求助。朱建便求见孝惠帝的幸臣闳籍孺,对他说:"君所以得幸帝,天下莫不闻。今辟阳侯幸太后而下吏,道路皆言君谗,欲杀之。今日辟阳侯诛,旦日太后含怒,亦诛君。何不肉袒为辟阳侯言于帝?帝听君出辟阳侯,太后大驩。两主共幸君,君贵富益倍矣。"于是闳籍孺大恐,从其计,言于惠帝,果然救出审食其。朱建,西汉楚人。曾为淮南王英布相,因阻止英布谋反有功,被赐号平原君。食其(yì jī),即审食其,秦末泗水沛县人,从刘邦起兵反秦。楚汉相争

时,因与刘邦父母及吕雉俱被楚军所俘,受吕雉宠幸。西汉建立
后,被封为辟阳侯。吕后当政后,为左丞相,权倾一时。

⑩曹邱见接为季布扬名:季布,西汉楚人,项羽部将,多次使刘邦陷
于困境。刘邦称帝后,为躲避西汉朝廷的通缉,季布匿名髡钳为
奴,后得到赦免,拜为郎中。惠帝时升为中郎将。文帝时出任河
东守。曹邱,即曹丘生,楚人,善辩,以金钱侍奉权贵,季布深鄙
视之。曹丘生拜见季布,季布怒而待之。曹丘生至,即揖季布
曰:“楚人谚曰‘得黄金百,不如得季布一诺’,足下何以得此声于
梁楚间哉?且仆楚人,足下亦楚人也。仆游扬足下之名于天下,
顾不重邪?何足下距仆之深也!”季布非常高兴,引入,留数月,
奉为上客,厚送。“季布所以益闻者,曹丘扬之也。”

⑪行成而名立:做事成功取得名声。

⑫缊袍:古代穷人所穿的袍子。《论语·子罕》:“衣敝缊袍,与衣狐
貉者立,而不耻者,其由也与?”朱熹集注:“缊,枲著也;袍,衣有
著者也。盖衣之贱者。”

⑬分义不复立:情分不再有。复,又,再。《左传·僖公五年》:“晋
侯复假道于虞以伐虢。”

⑭浸:渐渐。《易·遯》:“‘小利贞’,浸而长也。”孔颖达疏:“浸者,
渐进之名。”

⑮怨望:怨恨不满。《汉书·灌夫传》:“后蚡使藉福请婴城南田,婴
大望曰:‘老仆虽弃,将军虽贵,宁可以势相夺乎!’”颜师古注:
“望,怨也。”

⑯无故而废:无罪而被废黜。故,通“辜”,过失,罪恶。《论语·微
子》:“故旧无大故,则不弃也。无求备于一人。”朱熹集注:“大
故,谓恶逆。”

⑰名由进退:名声取决于进取或退缩。

⑱稼:耕作,种植。《诗·魏风·伐檀》:“不稼不穑,胡取禾三百廛

兮?"郑玄笺:"种之曰稼。"

⑲稼:收获。《诗·魏风·伐檀》:"不稼不穑,胡取禾三百廛兮?"郑玄笺:"敛之曰穑。"

⑳委顿:衰弱,病困。

㉑辞施:推辞施与。

㉒求假:请求借贷。假,借。《左传·成公二年》:"唯器与名不可以假人。"孔颖达疏:"唯车服之器与爵号之名不可以借人也。"

㉓鄙吝:过分爱惜钱财。北齐颜之推《颜氏家训·勉学》:"素鄙吝者,欲其观古人之贵义轻财。"

㉔钧材而进有与之者:财富和别人一样多进而还有人给予。即下文刘昞所说"己既自足,复须给赐"。

㉕体益而茂遂:名成功就,万事如意。

㉖私理卑抑有累之者:自己的管理经营衰弱卑下而又有拖累的人。即下文刘昞所说"己既不足,亲戚并困"。

㉗稍:渐渐。《史记·项羽本纪》:"项王乃疑范增与汉有私,稍夺之权。"

【译文】

人所处的情势是不同的,情势有伸张有压抑。富有显贵成功发达,这是情势的伸张。身居富贵之位,众人不能使他折节,所以佩带六国之印,父母在百里之外迎接他。贫下低贱穷困匮乏,这是情势的压抑。深处贫贱之境,志向怎能伸展?所以穿着破黑貂大衣回家,受到妻子嫂嫂的慢待。上等人才,能做人所不能做的事。凡是一个举动,一定是众人所不能企及的。所以他们显达时有勤劳谦虚的美称,穷困时有光明磊落的气节。才能高于众人,他进取则损有余补不足。勤劳谦虚救世,退身则守正道而不自乱,去祸就吉。中等人才,则随着时势的变化而增减。一般智慧的人,屈伸由时势所决定。时势来时则伸,时势去时则屈。所以他们凭借富贵地位在家内充满钱财,在外面遍加施惠。物资钱财富裕,任意地进行周济。受到他救济的人,寻求他可称道的地方而赞美他。感激他的恩情，匡正挽救他的错误，所以朱建接受审食其的赠金而为他出谋划策。受到他提拔的人，把他的小优点加以阐述放大。感激他的提携，欲成全他的美名，所以曹丘生被季布接见而为他扬名。所以他们虽然没有特殊的才能，却仍然能够做事成功取得名声。富与贵，怎么不招人喜欢！它可以使人无善而行成，无智而名立，所以富贵妻嫂都恭而敬之，何况他人呢！处在贫贱地位的人，则想布施却没有钱财，想提拔人却没有权势。有慈悲之心没有拯救的能力，识奇才而不能提拔他。亲戚不能受到帮助，朋友不能得到救济。内无人赠送粗疏的食物，外无人赠送破旧衣袍。情分不再有，恩爱渐渐远离。义稀薄，气空虚，情分怎能建立起来？怨恨不满者一起到来，问罪者日渐增多。不但轻视自己，而且生出仇怨诽谤之言。他虽然没有罪行和过错，但还是无缘无故地被废黜。贫与贱怎能不使人恐惧！它可以使人无缘无故地遭到诽谤，没有罪过而被废黜。所以人贫贱妻子都看不起，何况他人呢！所以世上有奢侈和节俭之名，而名声的获取决定于进取或退缩。行为虽由自己决定，而名声却留在世上。所以好的农夫能够耕种，不一定能有收获。天下人都富有，那么清贫者虽然贫苦，也一定没有衰弱病困之忧。家给人足，路上行人都能够得到食物馈赠。而且还有推辞施与的高名，因此获得荣名之利。获得推辞施与的高名，显现美德所产生的美好影响。如果天下人都贫穷，那么就会无处请求借贷，家家贫穷户户匮乏，粟米成为珠玉。因而有穷困贫乏之患，并且会生出过分爱惜钱财的控诉。乞求借贷却无人施与，与叔嫂争抢糟糠。所以财富和别人一样多进而还有人给予，则会名成功就万事如意。自己已经富足，还须施与赏赐，就会美名形成，美行养成，所做的事情成功。自己的管理经营衰弱卑下而又有拖累的人，自己不富足，亲戚也困乏。则会地位慢慢下降渐渐低下。上边没人提携，下边没人推举。而一般人在观察这个问题时，不知道这个问题的根本，各自只看到问题的现状，认为申达的人有才能，屈压的人为愚昧浅薄。这是在情势伸张和压抑问题上的迷惑。才智虽然一样，贵贱却大不相同，屈伸的变化，在于贫富。

夫清雅之美，著乎形质，察之寡失。形色外著，故可得而察之。失缪之由①，恒在二尤。二尤之生，与物异列②。是故非常人之所见。故尤妙之人，含精于内，外无饰姿。譬金水内明而不外朗，故冯唐白首屈于郎署③。尤虚之人，硕言瑰姿④，内实乖反。犹烛火外照，灰烬内暗，故主父偃辞丽，一岁四迁⑤。而人之求奇，不可以精微测其玄机，明异希⑥。其尤奇异，非精不察。或以貌少为不足，睹靦蒻貌恶⑦，便疑其浅陋。或以瑰姿为巨伟，见江充貌丽⑧，便谓其巨伟。或以直露为虚华，以其款尽⑨，疑无厚实。或以巧饰为真实。巧言如流，悦而睹之。是以早拔多误⑩，不如顺次⑪。或以甘罗为早成而用之于早岁或误⑫，复欲顺次也。夫顺次常度也。苟不察其实，亦焉往而不失？征质不明不能识奇，故使顺次亦不能得。故遗贤而贤有济⑬，则恨在不早拔⑭。故郑伯谢之于烛武⑮。拔奇而奇有败，则患在不素别⑯。故光武悔之于朱浮⑰。任意而独缪，则悔在不广问。秦穆不从蹇叔⑱，虽追誓而无及。广问而误己，则怨己不自信。隗嚣心存于汉，而为王元所误⑲。是以骥子发足⑳，众士乃误。韩信立功，淮阴乃震㉑。夫岂恶奇而好疑哉！乃尤物不世见㉒，而奇逸美异也。故非常人之所识也。是以张良体弱，而精强为众智之隽也。不以质弱而伤于智。荆叔色平㉓，而神勇为众勇之杰也。不以色和而伤于勇。然则隽杰者，众人之尤也。奇逸过于众人，故众人不能及。圣人者，众尤之尤也。通达过于众奇，故众奇不能逮。其尤弥出者㉔，其道弥远。非天下之至精，其孰能与于此。故一国之隽，于州为辈㉕，未得为第也㉖。郡国之所隽异比于州郡，未及其第目。一州之第，于天下为根㉗。州郡之所第目以比天下之隽，根而不可及。根，一回反，枢也。天下之根，世有优劣㉘。英人不世继，是以伊、召、管、晏应运乃出㉙。是故众人之所贵，各贵其出己之尤，智材胜己则以为贵。而不贵尤之所尤。尤之尤者，非众人之所识。是故众人之明，能知辈士之数㉚，众人明者，粗知郡国出辈之士而已。而不能知第目之度㉛，乃未识郡国品第之隽。辈士之明，能知第目之度，出辈明者，粗知郡国第目之良。不能识出尤之良也。未识出尤奇异之理。出尤之人，能知圣人之教，瞻之在前，忽焉在后。不能究之入室之奥也㉜。如有所立卓尔，虽欲从之，末由也已。由是论之，人物之理，妙不可得而穷已。为当拟诸形容，象其物宜，观其会通，举其一隅而已㉝。

【注释】

①由：原因。《左传·襄公二十三年》："有臧武仲之知，而不容于鲁国，抑有由也，作不顺而施不恕也。"

②与物异列：与一般人不同。

③冯唐白首屈于郎署：冯唐，西汉人，文帝时任郎中署长。当文帝感慨没有廉颇、李牧那样的将领抗击匈奴时，冯唐当面批评文帝执法太严，赏罚不当，虽有廉颇、李牧也不能用，并为被罢官的云中守魏尚鸣冤叫屈。文帝接受其批评，并任命他为车骑都尉。冯唐一生历文、景、武三帝，一直做郎中类的小官，当武帝将要重用他的时候，冯唐已经九十多岁，不能为官了。

④硕言瑰姿：言语夸大姿态瑰伟。

⑤主父偃辞丽，一岁四迁：主父偃，西汉齐国人，复姓主父，善《周易》《春秋》，通百家之言。家贫，乃游说于燕、赵、中山等地，不得志。武帝元光元年，乃西入长安，上书于朝廷。所言九事，八

事为律令,一事为谏伐匈奴。上书奏上之后,武帝召见,大有相
见恨晚之意,任之为郎中,又拜其为谒者。一年之中四次升迁。

⑥明异希:明识他的奇异独特。

⑦黻(zōng)蔑:春秋时郑国人,相貌丑陋。《左传·昭公二十八年》
载:叔向到郑国去,黻蔑貌丑,但想见叔向,便装扮成仆人,立于
堂下。叔向正要饮酒,黻蔑说了一句很有哲理的话,叔向听后
说:'说话的一定是黻蔑。'走下堂来,拉着他的手走上堂来,说:
"你对王室贡献很大,所以我提举你,你要努力啊!"

⑧江充:江充本名江齐,是赵国邯郸人。他的妹妹家给了赵王太子
刘丹,所以江齐成为赵王刘彭祖的座上宾。后来,太子刘丹怀疑
江齐把自己的阴私报告给赵王,便派人逮捕他。江齐闻讯逃跑,
来到长安,改名江充。他向朝廷揭发赵国太子刘丹生活糜烂,破
坏伦理,与郡国不守法纪之徒勾结破坏社会治安等罪行,得到武
帝召见。史载他为人魁岸,容貌甚壮。武帝望见而异之,对左
右:"燕赵固多奇士。"深受武帝重用。后江充见武帝年老多病,
恐其百年之后继位的太子于己不利,便诬告太子行巫蛊之事。
太子恐惧,起兵自保,兵败被杀。后武帝发现太子冤枉,乃灭江
充宗族。

⑨款尽:尽情述说。

⑩早拔多误:因提拔成熟较早的人而多生失误。

⑪顺次:按照顺序。

⑫甘罗:战国时楚国人,秦相甘茂之孙,十二岁时任秦相吕不韦庶
子。吕不韦谋划攻打赵国,派张唐到燕国任丞相,以联合燕国攻
赵。张唐不肯前往,甘罗说服张唐入燕,并进入赵国说服赵王割
五城给秦国,并让赵攻打燕国,取上谷三十六城,秦得十一。后
被拜为上卿。

⑬遗贤而贤有济:遗漏了贤才而贤才却有成功的表现。

⑭恨：后悔，遗憾。《史记·商君列传》："梁惠王曰：'寡人恨不用公叔痤之言也。'"

⑮郑伯谢之于烛武：郑伯向烛之武道歉。烛之武是春秋时郑国人。鲁僖公三十年（前630），秦晋联军围攻郑国都城，郑国危在旦夕。佚之狐对郑伯说："国家危急了！如果派烛之武去见秦国国君，秦国的军队一定会撤退。"郑伯听从了他的建议。烛之武却推辞说："我年轻时，尚且不如别人；现在老了，不能做什么事情了。"郑伯说："我不能及早用您，现在事情危急了才来求您，这是我的过错。然而郑国灭亡了，对您也不利啊！"烛之武答应了，并成功地说服秦军退兵，晋军孤掌难鸣，也解围而去。谢，道歉。《战国策·秦策一》："嫂蛇行匍伏，四拜自跪谢。"

⑯素别：预先识别。素，预先。《国语·吴语》："夫谋，必素见成事焉，而后履之。"韦昭注："素，犹豫也。"

⑰光武悔之于朱浮：后悔的是明帝，非光武帝。刘昺此处有误。朱浮，东汉初沛国人，字叔元。从刘秀起兵破王郎，拜大将军、幽州牧，封舞阳侯。后与渔阳太守彭宠关系恶化，被彭宠打败。光武帝惜其才干，任为执金吾。历任太仆、大司空。因好凌辱同僚，明帝对其深为不满。恰好有人诬告朱浮，明帝将其赐死，后非常后悔。

⑱秦穆不从蹇（jiǎn）叔：蹇叔是春秋时秦国大夫。秦穆公时受百里奚举荐，被任为上大夫。秦穆公三十二年（前628），秦国欲袭击郑国，蹇叔加以劝阻，指出长途偷袭，必定劳师无功，且郑国也会有所准备，以逸待劳。穆公不听，坚持派孟明视率军东征。蹇叔哭送秦军，断言秦军必败。果然，秦军走到滑县，得知郑国已有准备，只得回师，走到崤山遭到晋国军队伏击，全军覆没，主帅被俘。秦穆公后悔不听蹇叔的劝阻。

⑲隗（wěi）嚣心存于汉，而为王元所误：隗嚣，西汉末天水人，字季

孟。新莽末期起兵杀雍州牧,以后又夺取陇西、武都、酒泉、敦
煌、张掖、金诚、武威等郡。后归附更始政权,不久又脱离,回到
天水,自称西州上将军。刘秀建国后,以重爵相许,劝隗嚣归顺。
隗嚣有归附之意,但其部将王元、王捷常以为天下成败未可知,
不愿意归附。王元劝隗嚣说:"今天水完富,士马最强,北收西
河、上郡,东收三辅之地,案秦旧迹,表里河山。元请以一丸泥为
大王东封函谷关,此万世一时也。若计不及此,且畜养士马,据
隘自守,旷日持久,以待四方之变,图王不成,其弊犹足以霸。要
之,鱼不可脱于渊,神龙失势,即还与蚯蚓同。"隗嚣便决意割据
陇西,后被刘秀所灭。

⑳骥子发足:良马奋蹄。骥子,良马。桓谭《新论·求辅》:"薛翁
者,长安善相马者也。于边郡求得骏马,恶貌而正走,名骥子。"
此指良才显示了自己的能力。

㉑淮阴:古县名,秦置,治所在今江苏淮阴西南。

㉒世见(xiàn):每代都出现。见,出现。《易·干》:"九二:见龙在
田。"高亨注:"见龙之见,《释文》云"'贤遍反',是即今之现字,出
现也,对上文潜字而言也。"

㉓荆叔色平:荆叔即荆轲。又称荆卿、庆卿,战国时卫国人。好读
书击剑,游说至燕国,与高渐离、田光友善,后为燕国太子丹门
客,受太子丹之托,以献图为名,与秦舞阳一起行刺秦王。进入
秦王宫后,秦舞阳因胆怯而神色异常,而荆轲却不动声色,面带
平静。

㉔弥:越。

㉕于州为辈:放到州里比较。辈,比并,比类。《后汉书·循吏传
序》:"边凤、延笃先后为京兆尹,时人以辈前世赵、张。"李贤注:
"辈,类也。赵谓赵广汉,张谓张敞。"

㉖第:品第。《管子·度地》:"凡一年之事毕矣,举有功,赏贤,罚有

罪,迁有司之吏而第之。"

㉗椳(wēi):门枢。《说文·木部》:"椳,门枢谓之椳。"段玉裁注: "谓枢所檃谓之椳也。椳,犹渊也,宛中为枢所居也。"

㉘世有优劣:每一代英才都不一样。

㉙伊、召、管、晏:伊尹、召公、管仲、晏婴。伊尹、管仲、晏婴前已有 注。召公,姓姬名奭,周武王的弟弟,又作"邵公"、"召康公"、"太 保召公"。最初采邑在召(今陕西扶风东北),故称召公。武王灭 商后,被封于燕。周成王时,出任太保,与周公旦分陕而治,以陕 原为界,东归周公旦管理,西归召公奭管理。他支持周公旦摄 政,支持周公平定叛乱。

㉚辈士之数:郡国一级人才的数量。辈士,即下文刘昺所说"郡国 出辈之士"。

㉛第目:品第。

㉜入室:学问技艺达到精深的程度。《论语·先进》:"由也,升堂 矣,未入于室也。"邢昺疏:"入室为深,颜渊是也;升堂次之,子路 是也。"

㉝隅:墙角,此处指一个方面。《论语·述而》:"举一隅,不以三隅 反,则不复也。"

【译文】

清廉高雅的美德,在人的外貌和气质上有显著的表现,所以考察起 来很少有失误。形色都是外在表现,所以能够察觉得到。考察人才失误的 原因,往往在对尤妙和尤虚的考察上。尤妙和尤虚的产生,与一般人不 同。所以不是一般人所能看见的。所以说尤妙之人,蕴含精明于内部,外 面不修饰自己。譬如金属溶液里面明亮外面不亮,所以冯唐一直到老都屈居 郎官职位。尤虚之人,外表言语夸大姿态瑰伟,而内里实际上正相反。犹 如蜡炬照得外面明亮,内部灰烬暗淡无光,所以主父偃言辞华丽,一年四次升 迁。而一般人在寻求奇才时,不能够精深细微地观测到其中深奥玄妙的道理，明识他的奇异和独特。他的优异十分奇特，不是精细之人不能察觉。有的看其外貌欠佳就认为是不足，看到丑陋貌丑，便怀疑他浅陋。有的看其姿容魅力就认为是巨伟，见到江充俊美，便认为他特别奇异。有的把直率坦白看做是华而不实，因为他尽情述说，便怀疑他不厚道老实。有的把乔装粉饰看做是真诚实在。花言巧语，人都高兴听见。所以与其因提拔成熟较早的人而多生失误，不如按正常次序选用。有人以为甘罗因为早熟而被少年任用可能会产生失误，还是主张按正常次序选拔人才。按正常次序是选拔人材的常规。如果不考察一个人的实际能力，还能到哪里找到不失误的方法呢？不能查明本质特征不能认识奇才，即使按照正常次序也不能有收获。所以遗漏了贤才而贤才却有成功的表现，则会有没早点提拔他的遗憾。所以郑伯向烛之武道歉。如果选拔了奇才而奇才又不成功，则会有不能事先辨别的忧患。所以刘秀后悔杀了朱浮。凭主观意志随心所欲而产生独断专行的错误，则会有没有广泛征求意见的后悔。秦穆公不听蹇叔劝阻，追悔莫及。如果广泛征求意见了却又贻误了自己，就会恨自己没有自信。隗嚣有心归汉，却被王元所误导。所以良材显示了自己的能力，证明了一般人的错误。韩信立功以后，震动了淮阴。这怎能归咎为人们厌恶奇才喜欢怀疑呢！这是由于突出的人物不是每代都有的，他们的奇特超凡与众不同。所以不是一般人所能认识的。所以张良身体柔弱，但他的精明强干在众多智者中是出类拔萃的。不因为体质弱而影响智力。荆轲神色平和，但他的精神勇气在众多的勇士中是杰出的。不因为面色平和而影响其勇气。这就是说俊杰是众人中突出的人。奇特超群与众不同，所以众人不能及。圣人是这些突出的人中又突出的。通达超过众多的奇才，所以众多的奇才达不到。他们的优异才能越突出，他们的前途就越远大。不是天下最精明的人，谁能进入这个行列？所以一个郡国中的俊杰，放到州里比较，不见得能进入品第。郡国中的俊乂与州里的俊乂相比，进入不了品第。一州中进入品第的人才，是国家的中枢。州郡进入品第的人才与天下的俊乂，二者的中枢作用不能相比。椵，一回反，户枢。国家的中枢人才，每一代也都不一样。英才不是代代都有，所以伊尹、召公、管仲、晏婴都是应运而生。所以一般人所看重的，是看重他比自己突出的才能，以超过自己智慧才能的人为贵。而不是看重突出人才中的佼佼者。优中之优的人，非一般所能认识。所以一般人的明智，能够知道郡国一级人才的数量，一般的聪明人，大概认识郡国一级的人才。但不能知道他们进入品第的程度。不能知道他们该入哪一级品第。郡国人才的明智，能知道进入品第的程度，聪明人中的聪明人，大概知道郡国人才的品第。而不能认识最为突出的良才。不能认识他们为什么如此优异突出。最为突出的良才，能够明白圣人的教诲，知晓并能快速跟上。但不能明白他的学问技艺为什么能达到这样高的程度。看到卓尔不群之人，想追上他，却不知道怎样做到。由此论之，关于人才的道理，它的奇妙是不可能认识穷尽的。只是描绘外表，进行比喻，观察他们的通汇之处，列举一个方面而已。

效难第十一 <small>人材精微，实自难知。知之难审，效荐之难。</small>

【题解】

认识人才并取得效果有两个难点。一个是认识人才本身的难处，一个是认识了人才而没有取得成效的途径的难处。本章对这两个难点进行了详尽的分析。指出难点并非让人知难而退，而是让人清楚地认识难点形成的主观原因和客观原因，从而克服在考察任用人才上所遇到的困难，取得实际效果。

刘昺注译文：人才的道理精深微妙，实在难知。知道它难以详察，举荐也难。

盖知人之效有二难^①。<small>有难知之难，尤奇游杂，是以难知。</small>有知之而无由得效之难^②。<small>己虽知之，无由得荐。</small>何谓难知之难？人物精微，<small>智无形状，奇逸精妙。</small>能神而明^③，<small>欲入其神，而明其智。</small>其道甚难，<small>固难知之难也。</small>知人则哲，惟帝难之^④，况常人乎？是以众人之察不能尽备。<small>各守其一方而已。</small>故各自立度^⑤，以相观采^⑥。<small>以己所能，历观众才。</small>或相其形容，<small>以貌状取人。</small>或候其动作^⑦，<small>以进趋取人。</small>或揆其终始^⑧，<small>以发止取人^⑨。</small>或揆其僚象^⑩，<small>以旨意取人。</small>或推其细微，<small>以情理取人。</small>或恐其过误，以简恕取人。**或循其所言**，以辞旨取人。**或稽其行事**⑪。以功效取人。**八者游杂**，各以意之所可为准，是以杂而无纪。**故其得者少，所失者多。**但取其同于己而失其异于己，己不必兼，故失者多。**是故必有草创信形之误**⑫，或色貌取人而行违。**又有居止变化之谬**⑬。或身在江海，心存魏阙⑭。**故其接遇观人也，随行信名**⑮，**失其中情**⑯。是以圣人听言观行，如有所誉，必有所试。**故浅美扬露**⑰，**则以为有异。**智浅易见，状似异美。**深明沉漠**⑱，**则以为空虚。**智深内明，状似无实。**分别妙理，则以为离娄**⑲。研精至理，状似离娄。**口传甲乙**⑳，**则以为义理**㉑。强指物类，状似有理。**好说是非，则以为臧否。**妄说是非，似明善否。**讲目成名**㉒，**则以为人物。**强议贤愚，似明人物。**平道政事**㉓，**则以为国体。**妄论时事，似识国体。犹听有声之类，名随其音。七者不能明物，皆随行而为之名。犹听猫音而谓之猫，听雀音而谓之雀，不知二虫竟谓何名也。世之疑惑皆此类也。是以鲁国儒服者众，人皆谓之儒，立而问之，一人而已。**夫名非实，用之不效。南箕不可以簸扬**㉔，**北斗不可挹酒浆**㉕。**故曰：名由口进**㉖，**而实从事退。**众睹形而名之，故用而不验也。**中情之人**㉗，**名不副实**㉘，**用之有效。**真智在中，众不能见，故无外名而有内实。**故名由众退，而实从事章**㉙，效立则名章。**此草创之常失也。**浅智无终，深智无始，故众人之察物，常失之于初。**故必待居止，然后识之。**视其所止，观其所居，而焉不知？**故居视其所安**㉚，安其旧者敦于仁。**达视其所举，**举刚直者厚于义。**富视其所与，**与严庄者明于礼。**穷视其所为，**为经术者勤于智。**贫视其所取，**取其分者存于信。**然后乃能知贤否。**行此者贤，反此者否。**此又已试，非始**

相也㉛。试而行之,岂相也哉! 所以知质,未足以知其略。略在变通,不可常准。且天下之人,不可得皆与游处。故视其外状,可以得一,未足尽知。或志趣变易,随物而化。是以世祖失之庞萌㉜,曹公失之董卓㉝。或未至而悬欲㉞,或已至而易顾㉟,李轶始专心于光武,终改顾于圣公㊱。或穷约而力行㊲,或得志而从欲㊳。王莽初则布衣折节,卒则穷奢极侈㊴。此又居止之所失也。情爱如此,谁能定之? 由是论之,能两得其要,是难知之难。既知其情,又察其变,故非常人之所审。

【注释】

①知人之效:认识人才并取得效果。

②无由得效:没有取得成效的途径。

③能神而明:深入他的精神世界进而了解他的才智。即下文刘昺所"欲入其神,而明其智"。

④知人则哲,惟帝难之:语出禹和皋陶的对话。《尚书·皋陶谟》:皋陶说:"都! 在知人,在安民。"禹说:"吁! 咸若时,惟帝其难之。知人则哲,能官人。安民则惠,黎民怀之。"

⑤各自立度:各自确立自己的标准、角度。

⑥以相观采:以此来对人才进行观察和使用。相,表示一方对另一方采取的动作。《史记·鲁仲连邹阳列传》:"臣闻明月之珠,夜光之璧,以暗投人于道路,人无不按剑相眄者。"

⑦候:观察。《汉书·杜周传》:"(杜)周少言重迟,而内深次骨。(减)宣为左内史,(杜)周为廷尉,其治大抵放张汤,而善候司。"颜师古注:"观望天子意。"

⑧揆(kuí):揣度。《诗·墉风·定之方中》:"揆之以日,作于楚室。"毛亨传:"揆,度也。度日出日入,以知东西。"

⑨发止:进退。

⑩揆其儗(nǐ)象:揣度拟想的形象。儗,同"拟"。

⑪稽其行事:考查他做事的效果。稽,考查。《易·系辞下》:"于稽其类。"孔颖达疏:"稽,考也。"

⑫草创信形:草率地相信外表的东西。草创,草率。《东观汉记·光武帝纪》:"时城郭丘墟,扫地更为,帝悔前徙之,草创苟合,未有还人。"

⑬居止变化:地位或职位的变化与内心不一致。

⑭魏阙:古代宫门外两边高耸的楼观。《周礼·天官》:"乃悬治象之法于象魏,使万民观治象。"郑玄注引郑司农曰:"象魏,阙也。"亦借指朝廷。

⑮随行信名:轻易地相信他的行为和名声。

⑯中情:内心的实际情况。

⑰浅美扬露:心智肤浅显扬表露。

⑱深明沉漠:心智深邃内心明白而不外露。

⑲离娄:古代传说中的人物,视力极好。

⑳口传甲乙:勉强地分别等级次第。即下文刘曶所说"强指物类"。

㉑义理:道理。

㉒讲目成名:勉强地分辨人的贤能和愚昧。

㉓平道政事:胡乱谈论政事。平,凭空,无根据。《太平广记》引《汝南先贤传·袁安》:"汉袁安为楚相,会楚王坐事,平相牵引拘系者千余人。"

㉔南箕:星名,即箕宿。共四颗星,形似簸箕,夏秋之间见于南方,故称。《诗·小雅·大东》:"维南有箕,不可以簸扬。"

㉕北斗:星名,即斗宿。共七颗星,形似古代盛酒的斗。挹:酌,以瓢舀取。《诗·小雅·大东》:"维北有斗,不可以挹酒浆。"

㉖名由口进:名声通过众人之嘴而宣扬提升。

㉗中情之人：真正的智慧在内心的人。即下文刘暠所说"真智在中"。

㉘名不副实：指中情之人的名气和实际不相符的情况。

㉙实从事章：做事效果显著而名声彰显。章，同"彰"。

㉚居视其所安：没当官的时候看他安心于什么。居，指赋闲未仕。《文选·束皙〈补亡诗〉》："彼居之子，罔或游盘。"李善注："居，谓未仕者，言在家之子。"

㉛始相：仅仅凭眼睛看。

㉜世祖失之庞萌：世祖即东汉光武帝刘秀，世祖为其庙号。庞萌，西汉末山阳人。随绿林起义，更始政权建立后，为冀州牧，将兵属尚书令谢躬，共破王郎。谢躬败，庞萌乃归降刘秀。刘秀即位，以为侍中。庞萌为人逊顺，甚见信爱。刘秀常称扬他说："可以托六尺之孤，寄百里之命者，庞萌是也。"拜为平狄将军。时诏书独下盖延而不及庞萌，庞萌以为盖延谮己，自疑，遂起兵反叛。事见《后汉书·刘永传》。

㉝曹公失之董卓：曹公，即曹操。董卓，东汉末陇西临洮人，字仲颖。本为凉州豪强，桓帝末任郎中，少帝时，受何进之召进京诛灭宦官，遂把持朝政，废少帝立献帝。后被吕布所杀。董卓把持朝政时，任曹操为骁骑校尉，曹操不受，偷偷离开董卓东去。事见《三国志·太祖纪》。

㉞未至而悬欲：志向还没达到就因欲望的诱惑而改变。悬，诱惑。《文子·守平》："知养生之和者，即不可悬以利；通内外之符者，不可诱以势。"

㉟已至而易顾：已经达到了目的却又发生了改变。

㊱李轶始专心于光武，终改顾于圣公：李轶，新莽末南阳宛县人，随刘秀起兵于春陵，后转而依附更始帝刘玄。圣公，为刘玄的字。

㊲穷约而力行：穷困贫贱却努力行动。穷约，穷困，贫贱。《晏子春

秋·谏上五》:"使民饥饿穷约而无告。"

㊳从欲:纵欲。从,同"纵"。

㊴王莽初则布衣折节,卒则穷奢极侈:王莽,字巨君,孝元皇后之侄子。元后父及兄弟皆在元帝、成帝世封侯,居位辅政,家族中共九侯、五大司马,唯王莽父王曼早死,没有封侯。王莽群兄弟皆将军五侯子,生活侈靡,声色犬马,唯王莽独孤贫,因折节为恭俭。后王莽称帝,建立新朝,晚期穷奢极欲,修建九庙,仅太初祖庙就东西南北各四十丈,高十七丈,其余八庙规模减半。用铜箔包裹斗拱,用金银加以装饰,耗费了巨大的人力物力。娶杜陵氏女为皇后也使用了大量的黄金、车马、珍宝等。

【译文】

认识人才并取得效果有两个难点。一个是认识人才本身的难处,优异出奇的表现游移杂乱,所以很难查知。一个是认识了才能而没有取得成效的途径的难处。自己虽然知道自己,但没有人举荐。什么是认识人才本身的难处呢?人的才智是无形无状奇异精妙的,才智无形无状,奇逸精妙。能够深入他的精神世界进而了解他的才智,要了解他的情感,知道他的才智。这本身是一件非常困难的事,所以说认识人才本身就是不容易的事。能知人则是聪明人,帝尧都认为很难,何况一般人呢?所以一般人审察人才的方法不可能是彻底完备的。各有各的标准而已。所以各自确立了自己的标准,以此来对人才进行观察和使用。根据自己所能达到的标准,考察众多人才。有的看人的外貌,以外貌取人。有的观察人的举动,以行为取人。有的揣度他的出发点是否正确,以进退取人。有的揣度对他拟想的形象,以主观意图取人。有的审查他的细微之处,以情理取人。有的为他的过错失误担心,以宽大仁恕取人。有的以言论取人,以辞旨取人。有的考查他做事的效果。以效果取人。上述八种做法是杂乱没有系统的,各自以主观认可为标准,所以杂乱无章。所以在审查任用人才上所得者少,所失者多。只是取符合自己标准的而不取不符合自己标准的,而自己的标准只有一个,所以取少失多。所以必然会有草率地相信外表的失误,或以外貌取人而行为不合标准。也会有所用人才地位或职位的变化与内心不一致的谬误。或身在江湖,心在朝廷。因为他交结观察人才的时候,轻易地相信他的行为和名声,不掌握他内心的实际情况。所以圣人听其言而观其行,如果有所赞誉,必然以实际效果为根据。所以一个人心智肤浅显扬表露,却被认为是异于常人。心智肤浅显而易见,看起来似乎很美妙。一个人心智深邃内心明白而不外露,却被认为是空洞无物。心智深邃内部明亮,表面看起来好像没有实体。一个人把道理分析得头头是道,就被认为是离娄式的人物。研究精到极有道理,看起来像离娄那样敏锐。一个人勉强地分别事物的等级次第,被认为是精通义理。勉强地分别人物类别,好像很有道理。一个人喜欢评论是非,就被认为是明白善恶。随意评论是非,好像明白善恶。一个人喜欢分辨人的贤能和愚昧,就被认为是善于知晓人物。勉强议论贤愚,好像知晓人物。一个人评论政事,则被认为是国家栋梁。随便议论时事,好像明白国家的事物。这就好像听见一类事物的声音,就根据声音为之命名一样。以上七种人都不能真正认识人物,都是根据表面现象为人物命名。就好像听到猫叫就谓之猫,听到鸟叫就谓之鸟,不知道两种动物究竟是什么。世上的疑惑全都像这样。所以鲁国穿儒服的人多,人都称之儒,站下一问,只是一个人而已。名实不符,就没有人们预期的效用。南箕也叫箕,但不能用来簸扬;北斗虽叫斗,但不能舀酒。所以说:名声通过众人之嘴而宣扬提升,而实际却因为事实而下降。大家都根据外形而为之取名,所以不注重实际效果。真正的智慧在内心的人,名气和实际也不相符,但任用他们却可以取得成效。真正的智慧在内心,众人不能看见,所以没有外名而有内实。所以说名因为众人不认识而减退,但实际却因做事效果显著而名声彰显,效果显著则名声彰显。这些都是审查人才草率而常有的失误。心智肤浅没有终结,心志深邃没有开始,所以众人考察人物,常常失误于其始。所以说一定要依靠观察行动,才能认识他的才能。根据他休止的地方,观察他所居之处,怎么会不知道? 所以在他没当官的时候看他安心于什么,安心于旧日生活的人仁心敦厚。在他当官以后看他所举荐的人,荐举刚直的人情义深厚。在他富裕的时候看他参与什么样的人群,接触严谨庄重的人明于礼。在他窘困的时候看他所作所为,致力经术的人勤于心智。在他贫穷的时候看他索取是否正当,不取非分之物的人心存诚信。通过这一系列观察然后才能知道他贤能与否。有上述行为的人贤明,不这样做的则不贤明。这样做是通过考验知人,不是仅仅凭眼睛看。检验他的行为,怎能凭眼睛看呢? 所以知道一个人的本质,还不足以知道他所采用的方略。方略变通不定,不可用固定标准。况且天下之人,不能够全部与他们交往相处。所以看其表现,可以得知一部分,不能知道全部。有的人志趣改变,随事物的变化而变化。所以刘秀失误于庞萌,曹操失误于董卓。有的人志向还没达到就因欲望的诱惑而改变,有的人已经达到了志向却又发生了改变,李轶开始追随光武帝刘秀,最后改依附于刘玄。有的人身处穷困贫贱却努力行动,有的人得志后却纵欲而为。王莽开始时生活简朴屈己下人,最后却穷奢极欲奢侈无度。这又是考察人才未顾及情况的变化而发生的失误。情爱如此,谁能固定呢? 由此论之,考察人物既要知道他的性情,又要考察他的变化,两方面都做到,这就是难以知人的困难。既知道他的性情,又洞察他的变化,这不是一般人所能做到的。

何谓无由得效之难? 上材已莫知①,已难识知。或所识者在幼贱之中②,未达而丧③。未及进达,其人已丧。或所识者未拔而先没④。未及拔举,已先没世。或曲高和寡,唱不见赞⑤。公叔痤荐商鞅而魏王不能用⑥。或身卑力微,言不见亮⑦。禽息举百里奚,首足皆碎⑧。或器非时好⑨,不见信贵。窦后方好黄老⑩,儒者何由见进? 或不在其位,无由得拔。卞和非大匠,所以抱璞泣⑪。或在其位以有所屈迫⑫。何武举公孙禄,而为王氏所推⑬。是以良材识真⑭,万不一遇也。材能虽良,当遇知己。

知己虽遇，当值明王。三者之遭⑮，万不一会。**须识真在位**⑯，诚百不一有也。虽识已真，或不在位。**以位势值可荐致之**⑰，宜十不一合也⑱。识己须在位，智达复须宜。**或明足识真，有所妨夺**⑲，**不欲贡荐**⑳。虽识辨贤愚，而屈于妨夺，故有不欲。**或好贡荐，而不能识真。**在位之人，虽心好贤善，而明不能识。**是故知与不知，相与纷乱于总猥之中**㉑。或好贤而不识，或知贤而心妒，故用与不用，同于众总，纷然淆乱。**实知者，患于不得达效。**身无位次，无由效达。**不知者，亦自以为未识。**身虽在位，而不能识。**所谓无由得效之难也。故曰知人之效，有二难。**是以人主常当运其聪智，广其视听，明扬侧陋，旁求俊乂，举能不避仇雠，拔贤不弃幽隐，然后国家可得而治，功业可得而济也。

【注释】

①上材已莫知：上等人才已经很难识知。

②幼贱之中：指还没进身显达的时候。即下文刘昺所说"未及进达"。

③达：进达。

④没：同"殁"，死亡。

⑤唱不见赞：所唱不被别人赞赏。

⑥公叔痤荐商鞅而魏王不能用：《史记·商君列传》记载：商鞅少好刑名之学，在魏相公叔痤手下任中庶子。公叔痤知商鞅贤能，还没来得及举荐他，就病倒了。魏惠王亲往问病，问他："公叔病有如不可讳，将奈社稷何？"公叔痤说："中庶子公孙鞅，年虽少，有奇才，愿王举国而听之。"魏惠王没有说话。在魏王将要离开时，公叔痤又说："大王既不听用鞅，一定要杀了他，不要让他离开魏国。"魏王答应了。惠王走后，公叔痤把商鞅叫来对他说："今者

王问可以为相者,我推荐了你,大王没答应。我方先君后臣,便劝大王既然不用商鞅,当杀之。大王答应了。汝可以快快离开,否则将被抓。"商鞅说:"大王不能用君之言任臣,又怎能用君之言杀臣乎?"所以没有离开。惠王回去后对左右说:"公叔病甚,悲乎,欲令寡人以国听公孙鞅也,岂不悖哉!"

⑦亮:相信,信任。《尚书·周官》:"寅亮天地,弼予一人。"孔安国传:"敬信天地之教,以辅我一人之治。"

⑧禽息举百里奚,首足皆碎:《汉书·杜邺传》:"臣闻禽息忧国,碎首不恨。"颜师古注引应劭曰:"禽息,秦大夫,荐百里奚而不见纳。缪公出,当车以头击闑,脑乃播出,曰'臣生无补于国,不如死也!'缪公感寤而用百里奚,秦以大化。"

⑨器非时好:才干不是当权者所喜欢的。

⑩窦后方好黄老:《汉书·窦婴传》记载:窦婴、田蚡俱好儒术,推举赵绾为御史大夫,王臧为郎中令。太后好黄老言,而窦婴、田蚡、赵绾等务隆推儒术,贬道家言,是以窦太后不高兴。御史大夫赵绾请毋奏事东宫。窦太后大怒,罢逐赵绾、王臧,而免丞相窦婴、太尉田蚡职务。窦后,孝文帝皇后,景帝母。吕太后时以良家子选入宫。

⑪卞和非大匠,所以把璞泣:《史记·邹阳列传》邹阳狱中上书:"昔卞和献宝,楚王刖之。"《集解》引应劭曰:"卞和得玉璞,献之武王。武王示玉人,玉人曰'石也'。刖右足。武王没,复献文王,玉人复曰'石也'。刖其左足。至成王时,卞和抱璞哭于郊,乃使玉尹攻之,果得宝玉。"

⑫屈迫:受压抑迫害。

⑬何武举公孙禄,而为王氏所推:公孙禄,西汉末蜀郡人,字君公。历任扬州刺史、丞相司直、清河太守、兖州刺史、司隶校尉、廷尉、御史大夫、前将军等职。汉哀帝死后,太后重用王莽,罢大司马

董贤,让臣下推举大司马。何武与公孙禄关系很好,二人总结西汉惠帝、昭帝时外戚掌权的教训,认为不应让异姓大臣掌权,于是何武与公孙禄相互举荐,太后最终还是用王莽为大司马。

⑭良才识真:良才遇到真正的赏识者。

⑮遭:遇到。

⑯须识真在位:等到赏识良才的人在位具有权力。

⑰以位势值可荐致之:因为举荐者在位有权又正在寻找人才。

⑱宜十不一合:大概十个人里碰不到一个。

⑲妨夺:因遇到妨碍而被迫改变。夺,由于外力强迫而改变。《论语·泰伯》:"临大节而不可夺也。"

⑳贡荐:荐举。汉代地方向朝廷推荐人才曰"贡"。

㉑总猥(wěi):聚合在一起。汉王符《潜夫论·考绩》:"父子兄弟,一门之计,犹有若此,则又况乎群臣总猥治公事者哉!"汪继培笺:"总猥,犹《离骚》言总总也。"

【译文】

什么叫"无由得效之难"?上等人才已经很难辨识,已难辨识知道。有的已经识别出来的人才在还没进身显达的时候,就丧失了生命。没等到进身显达,已经丧命。有的已经识别出来的人才还没等到提拔任用就先辞世了。没来得及提拔,已经先死。有的曲高和寡,所唱不被别人赞赏。公孙痤举荐商鞅而魏惠王不能任用他。有的位卑力小,所言不被信任。禽息推举百里奚,头被撞破。有的所具才干不被当权者所喜欢,不能够被信任重视。窦后正在喜欢黄老,儒生怎么能够进身?有的识才者不在其位,没有提拔人才的权力。卞和不是治玉的工匠,所以只能抱璞而泣。有的识才者在其位,但受到压抑迫害。何武推举公孙禄,而被王氏所否定。所以良才遇到真正的赏识者,一万个人里也遇不到一个。虽具有贤能良才,应当遇到知己。虽然遇到知己,也应当遇到明王。良才、知己、明王三者同时遇到,一万次里也不到一次。等到赏识良才的人在位具有权力,一百个人里也不见得有一个。虽然认识真才，可能不在有权之位。识才者在位有权又正在寻找人才，大概十个人里碰不到一个。识才须在当权之位，还须有与之相适宜的智慧和通达。有的英明足以辨识真才，但因遇到妨碍而被迫改变，不想举荐人才。虽有辨识贤愚的能力，然而受到妨碍和阻力，所以不想举荐。有的喜欢举荐人才，但不能识别真正的人才。在位的人，虽然心里喜好贤才，而没有识人之明。所以能够识别人才和不能够识别人才，相互交错纷杂地混在一起。有的好贤才而不能认识，有的识贤才却心存嫉妒，所以用人与不用，混同在一起，纷然淆乱。真正能够认识人才的人，有不在其位不能够取得识别任用人才效果的忧患。本身没有权位，没有途径效力报答。不能够真正识别人才的人，虽然身在其位但却不能识别任用人才。身虽在位，而不能识才。这就是所说的"无由得效之难"。所以说认识人才并取得效果，有两个难点。所以君主应当常常运用他的聪明智慧，广泛听取各种意见，拔举处在僻陋之处的贤人，寻求俊乂之人，举能不避仇雠，拔贤不弃幽隐，然后国家才能得到治理，功业才能建立完成。

释争第十二 贤善不伐，况小事乎！释忿去争，必荷荣福。

【题解】

本章列举了君子与小人的两种为人处世的态度，指出了君子“不争”所带来的益处和小人“争竞”所带来的害处。然而君子的不争不是无所作为无所追求，而是通过谦让，达到以屈求伸、以让胜敌、转祸为福、屈敌为友的目的，阐述了“不争者，争之也。让敌者，胜之也。下众者，上之也”的辩证关系。

刘昺注译文：不自夸贤能优点，更何况小事！放弃忿恨纷争，必定承蒙荣华福祉。

　　盖善以不伐为大，为善而自伐其能，众人之所小。贤以自矜为损。行贤而去自贤之心，何往而不益哉！是故舜让于德①，而显义登闻②。汤降不迟③，而圣敬日跻④。彼二帝虽天挺圣德⑤，生而上哲，犹怀劳谦，疾行退下，然后信义登闻，光宅天位⑥。郤至上人⑦，而抑下滋甚。王叔好争⑧，而终于出奔。此二大夫矜功陵物，或宗夷族灭，或逃祸出奔。由此观之，争让之道，岂不悬与？然则卑让降下者，茂进之遂路也。江海所以为百谷王，以其处下也。矜奋侵陵者，毁塞之险途也。兕虎所以撄牢槛⑨，以其性犷噬也⑩。是以君子举不敢越仪准⑪,志不敢凌轨等,足不苟蹈⑫,常怀退下。内勤己以自济⑬,外谦让以敬惧⑭。独处不敢为非,出门如见大宾。是以怨难不在于身,而荣福通于长久也。外物不见伤,子孙赖以免。彼小人则不然。矜功伐能,好以陵人,初无巨细,心发扬以陵物。是以在前者人害之,矜能奔纵,人情所害。有功者人毁之,恃功骄盈,人情所毁。毁败者人幸之⑮。及其覆败,人情所幸。是故并辔争先⑯,而不能相夺⑰。小人竞进,智不相过,并驱争险,更相蹈籍。两顿俱折⑱,而为后者所趋。中道而毙,后者乘之。譬兔殪犬疲,而田父收其功⑲。由是论之,争让之途,其别明矣。君子尚让,故涉万里而涂清。小人好争,足未动而路塞。

【注释】

①舜让于德:舜因品德高尚,被推为尧帝的继承人。但舜自认为德才不够,让位于尧的儿子丹朱。然而诸侯朝觐者不到丹朱而到舜处,狱讼者不往丹朱而往舜处,讴歌者不歌颂丹朱而歌颂舜。舜认为这是天意,才继尧位为帝。舜,传说中的上古帝王,姚姓,名重华,号有虞氏,又称虞舜。

②显义登闻:所发扬的正义上达于天。

③汤降不迟:商汤王受天命应期而降。

④圣敬日跻:他的圣明使他得到的尊敬与日俱增。

⑤天挺:天生。圣德:至高无上的道德。《史记·五帝本纪》:"昌意娶蜀山氏女,曰昌仆,生高阳,高阳有圣德焉。"

⑥天位:天子之位,帝位。

⑦郤至上人:郤至是春秋时晋国大夫。在晋楚鄢陵之战中有功。后居功自傲,生活奢侈,招致怨恨,最后被杀。事见《史记·晋世

家》。

⑧王叔好争:王叔指春秋时周王室卿士王叔陈生。因自己的地位
　　在伯舆之下,非常气愤,弃官出走,最后到了晋国。事见《春秋左
　　传》。

⑨撄:遭受。

⑩犷噬:凶猛吃人。

⑪仪准:礼法规矩。

⑫苟:随便。

⑬内勤己以自济:独处时自我修养自我完善。内,指独处时。

⑭外谦让以敬惧:在外用敬惧的态度谦让别人。

⑮幸:幸灾乐祸。

⑯并辔:并驾齐驱。

⑰相夺:压倒胜过对方。夺,压倒,胜过。汉班婕妤《怨歌行》:"常
　　恐秋节至,凉风夺炎热。"

⑱两顿俱折:双方都受到了困顿挫败。

⑲"兔殛犬疲"二句:典出《战国策·齐策·齐欲伐魏》。齐国欲讨
　　伐魏国,淳于髡对齐王说:"韩子卢者,天下之疾犬也。东郭逡
　　者,海内之狡兔也。韩子庐逐东郭逡,环山者三,腾山者五,兔极
　　于前,犬废于后,犬兔俱罢,各死其处。田父见之,无劳倦之苦,
　　而擅其功。"

【译文】

　　具有美好善良品性的人以不自我夸耀为最崇高,行为贤善而自夸其
能力,就会被众人小看。怀有贤良美德的人因为骄傲自满招致损害。行为
贤善而去除自认贤能之心,到什么地方都会受益。所以虞舜谦让于有德才的
人,他所发扬的正义闻达于上天。商汤受天命应期而降,他的圣明使他
得到的尊敬与日俱增。这两个圣王虽然天生美德,生而知之,还怀有劳谦之
心,努力作为退而不争,然后才信义广闻,光耀帝位。郄至地位高高在上,而

他对下边人的压抑却更加厉害。王叔喜欢争竞,而终于出奔他国。这两个人自夸功劳居人之上,或者宗族被诛灭,或者逃避祸患出奔在外。由此看来,争让之行,岂不是危险吗?这说明降低自己谦让别人,是事业昌盛不断进取的成功道路。江海之所以被称为百谷之王,是因为它处于低下位置。骄傲矜夸恃强陵物,是毁坏声誉堵塞前途的危险之路。猛兽所以遭到被关闭的命运,是因为它有凶猛吃人之性。所以君子的行为不敢超越礼法规矩,立志不敢超越正常的轨道,足不随意踩踏,常怀谦退之心。独处时追求自我修养自我完善,在外时用敬惧的态度谦让别人。独处时不敢做坏事,在外就像见贵宾那样恭恭敬敬。因此怨恨责难就不会招惹到身上,荣耀和幸福就会长久存在。不被外人所伤害,子孙也靠它得到安全。那些小人则不是这样。他们因功而骄傲以能而自夸,喜欢以此凌驾别人之上,不管大事小事,都趾高气扬盛气凌人。所以当有人地位靠前时就有人陷害他,自我夸耀不受拘束,将被人情所害。有人立功的时候就有人诋毁他,居功骄傲自满,将被人情所诋毁。有人遭到毁败时就有人幸灾乐祸。等到他覆败,为人情所庆幸。所以当小人们并驾齐驱争先恐后时,彼此都不能压倒或战胜对方。小人竞争,智力相当,并驾争先,互相践踏。当双方都受到了挫败的时候,后面的人就会乘虚赶上来。半路消亡,为后面的人提供可乘之机。就像兔子消耗到极限猎犬也极度疲劳,而农夫两获其利。由此论之,争夺和谦让这两条道路,差别是很明显的。君子崇尚谦让,所以跋涉万里路途也是清敞的。小人喜好竞争,脚还未抬路已经堵上了。

　　然好胜之人,犹谓不然。 贪则好胜,虽闻德让之风,意犹昧然,乃云古人让以得,今人让以失,心之所是,起而争之。**以在前为速锐,以处后为留滞,** 故行坐汲汲①,不暇脂车②。**以下众为卑屈③,以蹑等为异杰④,** 苟矜越等,不差负乘⑤。**以让敌为回辱⑥,以陵上为高厉⑦。** 故赵穿不顾元帅⑧,阋子以偏师陷⑨。是故抗奋遂往⑩，不能自反也⑪。譬虎狼食生物，遂有杀人之怒。夫以抗遇贤，必见逊下⑫。相如为廉颇逡巡⑬，两得其利。以抗遇暴，必搆敌难⑭。灌夫不为田蚡持下⑮，两得其尤。故难既搆，则是非之理必溷而难明。俱自是而非彼，谁明之耶！溷而难明，则其与自毁何以异哉！两虎共斗，小者死大者伤，焉得而两全！且人之毁己，皆发怨憾而变生衅也⑯。若本无憾恨，遭事际会⑰，亦不致毁害。必依托于事，饰成端末⑱。凡相毁谤，必因事类而饰成之。其余听者虽不尽信，犹半以为然也。由言有端角，故信之者半。己之校报⑲，亦又如之。复当报谤，为生翄尾。终其所归，亦各有半。信著于远近也。俱有形状，不知其实，是以近远之听皆半信于此，半信于彼。然则交气疾争者，为易口而自毁也⑳。己说人之瑕，人亦说己之秽，虽晋人自取其嚣也。并辞竞说者㉑，为贷手以自殴㉒。辞忿则力争，己既殴人，人亦殴己，此其为借手以自殴。为惑缪岂不甚哉！借手自殴，借口自嚣，非惑如何？然原其所由，岂有躬自厚责，以致变讼者乎？己能自责，人亦自责，两不言竞，变讼何由生哉？皆由内恕不足，外望不已㉓。所以争者，由内不能恕己自责，而外望于人不已也。或怨彼轻我，或疾彼胜己。是故心争，终无休已。夫我薄而彼轻之，则由我曲而彼直也㉔。曲而见轻，固其宜矣。我贤而彼不知，则见轻非我咎也。亲反伤也，固其宜矣。若彼贤而处我前，则我德之未至也。德轻在彼，固所宜也。若德钧而彼先我，则我德之近次也㉕。德钧年次，固其常矣。夫何怨哉！且两贤未别㉖，则能让者为隽矣。材钧而不争优劣，众人善其让。争隽未别，则用力者为患矣㉗。隽等而名未别，众人恶其斗。是故蔺相如以回车决胜于廉颇㉘，寇恂以不斗取贤于贾复㉔。此二贤者，知争途不可由，故回车退避，或酒炙迎送。故廉贾肉袒，争尚泯矣。**物势之反㉚**，乃君子所谓道也。龙蛇之蛰以存身㉛，尺蠖之屈以求伸㉜。虫，微物耳，尚知蟠屈，况于人乎？**是故君子知屈之可以为伸，故含辱而不辞。**韩信屈于胯下之辱㉝。**知卑让之可以胜敌，故下之而不疑㉞。**展喜犒齐师之谓也㉟。**及其终极，乃转祸而为福，**晋文避楚三舍㊱，而有城濮之勋。**屈仇而为友㊲。**相如下廉颇，而为刎颈之交。**使怨仇不延于后嗣，而美名宣于无穷。**子孙荷其荣荫，竹帛纪其高义。**君子之道，岂不裕乎㊳！**若偏急好争，则身危当年，何后来之能福！**且君子能受纤微之小嫌，故无变斗之大讼。**大讼起于纤芥，故君子慎其小。**小人不能忍小忿之故，终有赫赫之败辱㊴。**小人以小恶为无伤而不去，故罪大不可解，恶积不可救。**怨在微而下之，犹可以为谦德也。**怨在纤微，则谦德可以除之。**变在萌而争之㊵，则祸成而不救矣。**涓涓不息遂成江河，水漏覆舟胡可救哉！**是故陈余以张耳之变，卒受离身之害㊶**；思复须臾之忿，忘终身之恶，是以身灭而嗣绝也。**彭宠以朱浮之郤，终有覆亡之祸㊷。**恨督责之小故，违终始之大计，是以宗夷而族灭也。**祸福之机，可不慎哉！**二女争桑，吴楚之难作㊸；季郈斗鸡，鲁国之衅作㊹。**可不畏欤！可不畏欤！**

【注释】

①汲汲：急迫。《礼记·问丧》："其往送也，望望然，汲汲然，如有追而弗及也。"孔颖达疏："'汲汲然者'，促急之情也。"

②脂车：给车轴涂油。指维修车辆，喻自我修养。

③下众：处在众人之下。

④蹑等：胜过同等人。蹑，超越，胜过。《晋书·陆机陆云传论》："其词深而雅，其义博而显，故足远超枚马，高蹑王刘，百代文宗，一人而已。"

⑤负乘：典出《易·解》："六三：负且乘，致寇至，贞吝。《象》曰：'负且乘，亦可丑也。自我致戎，又谁咎也。'"孔颖达疏："乘者，君子之器也。负者，小人之事也。施之于人，即在车骑之上而负于物也，故寇盗知其非己所有，于是竞欲夺之。"意思是在君子的位置上，却是小人的行为。

⑥回辱：避让屈辱。回，回避。刘向《新序·杂事》："外举不避仇雠，内举不回亲戚。"

⑦高厉：崇高，高超。

⑧赵穿不顾元帅：鲁文公十二年（前615）冬，秦军攻打晋国羁马。晋国中军元帅赵盾率领三军出征，与秦军对峙于河曲。晋军采用臾骈的计策，深沟高垒，拒不出战，把秦军拖垮。秦军派遣一支部队对晋营实行骚扰，赵穿却领兵出营追逐，没有追上，回来后愤怒地说："带着粮食，披着甲胄，本来就是要寻求敌人。敌人来了不去攻击，又还等什么呢？"军吏回答说："将要有所等待啊。"赵穿说："我不懂得计谋，我打算自己去。"于是就带领他的部下出战。赵盾听说后说："秦国若是俘获赵穿，就是俘获了一个卿。那样，秦国就以胜利而回去，我们回去用什么向国家交代？"于是全部出战，臾骈的计谋完全破产。赵穿，春秋时赵国人，赵盾的堂弟。

⑨彘子以偏师陷：彘子，即晋国先縠。鲁宣公十二年（前597），楚国攻打郑国，晋国出兵救郑国。荀林父率领中军，先縠辅佐；士会率领上军，郤克辅佐；赵朔率领下军，栾书辅佐。刚到黄河，传来了郑国已和楚国讲和的消息。荀林父想撤军回国，先縠不同意，并率偏师渡河。韩献子谓桓子曰："彘子以偏师陷，您的罪过大矣。您为元帅，军队不听从命令，这是谁的罪过呢？失掉了属

国,又损失了军队,这个罪责已很大了,不如进军。即使失败了,也可由大家来分担责任,与其您一个人承担罪过,不如大家共同承担,这样不是更好吗?"于是晋军就渡过了黄河。

⑩抗奋遂往:不顾一切地重复以往的错误。抗奋,即"亢奋",极度兴奋不顾一切。遂往,谓以往的错误。晋葛洪《抱朴子·交际》:"风成俗习,莫不逐末流,遁遂往,可慨者也。"

⑪自反:自觉返回。

⑫必见逊下:必然得到谦让。

⑬逡巡:退让。

⑭必搆敌难:必然造成敌对非难。

⑮灌夫不为田蚡持下:灌夫,西汉颍阴人,字仲孺。父张孟,得幸于颍阴侯灌婴,故姓灌氏。平定吴楚之乱有功,历任郎中将、代相、淮阳太守、太仆、燕相。与魏其侯窦婴关系密切。二人与武安侯田蚡矛盾很深。田蚡是太后的弟弟,又身为丞相,在庆贺田蚡娶燕王女儿的宴会上,灌夫为田蚡敬酒,田蚡没有按照礼节避席尽饮,而是跪坐在席上饮一半,灌夫很不高兴,大闹宴席,被田蚡拘捕,搜罗罪名处死。事见《史记·魏其武安侯列传》。

⑯变生衅(xìn):变故的征兆发生出现。衅,征兆。袁宏《后汉纪·灵帝纪下》:"张角始谋,祸衅未彰。"衅,同"衅"。

⑰际会:机遇,时机。

⑱必依托于事,饰成端末:必然会用一件事作为借口,把毁谤的实质掩饰起来。即下文刘昺所说"凡相毁谤,必因事类而饰成之"。

⑲校报:回报,报复。

⑳易口而自毁:改换用对方的嘴来自我毁谤。

㉑并辞竞说:同时用语言互相争竞。

㉒贷手以自殴:借别人的手来打自己。

㉓外望不已:对外埋怨他人不停。

㉔我曲而彼直：这里的意思是我理亏而对方理直，应当受到对方的轻视。即下文刘昺所说"曲而见轻，固其宜矣"。

㉕近次：接近略低。

㉖别：差别。

㉗愆：劣，坏。

㉘蔺相如以回车决胜于廉颇：蔺相如，战国时赵国人，初为赵国宦者令缪贤舍人，后由缪贤推荐给赵惠文王。秦王得知赵国有和氏璧，假称愿以十五城换之。蔺相如奉命带着玉璧入秦，与秦王斗智斗勇，戳穿秦国阴谋，乃使完璧归赵，因功被拜为上大夫。惠文王二十年，秦王赵王渑池相会，秦王让赵惠文王为之鼓瑟，以侮辱之。蔺相如强令秦王为赵王击缶，对秦王进行回击，维护了赵国的尊严。因功高被拜为上卿，位在廉颇之上。廉颇不服，欲侮辱蔺相如，但蔺相如以国家利益为重，多次退让，终于感动了廉颇，乃亲自到蔺相如处负荆请罪。廉颇，战国时赵将，以勇猛善战闻名。赵惠文王十六年，率军伐齐，大破齐军，因功被拜为上将。赵孝成王十五年，与乐乘率军大破燕军，迫使燕割五城请和。以功封信平君，为假相国。后因与乐乘不和，奔魏居于大梁。赵国因屡遭秦国逼迫，欲复用廉颇，但因仇者郭开的诋毁，赵王相信廉颇老矣，不再任用。后廉颇入楚，卒于寿春。

㉙寇恂以不斗取贤于贾复：当初贾复在汝南的时候，他的部将杀人，被汝南太守寇恂依法处置。贾复深以为耻，说过颍川的时候一定要报复寇恂。寇恂知道后，以天下未平，应以大局为重，巧施妙计，避免了与贾复的直接冲突。寇恂，东汉初上谷昌平（今北京昌平东南）人，字子翼。初任郡功曹，新莽败亡后，劝太守耿况归顺刘秀，被拜为偏将军。后任河内太守，行大将军事，保障后勤甚是得力，击破更始军立有战功，后转任颍川太守，封雍奴侯。历任汝南太守、执金吾。为东汉初二十八功臣之一。贾复，

东汉初南阳冠军(今河南邓州西北)人,字君文。新莽末聚众起
兵,自号将军,后归附更始政权,又随从刘秀,战功卓著。刘秀称
帝后,拜执金吾,封冠军侯。后迁左将军,定封胶东侯。知光武
帝不欲功臣拥众于京师,便削除甲兵,敦崇儒学,以此深受赏识。
为东汉初二十八功臣之一。事见《后汉书·寇恂传》。

㉚物势之反:指表面上与实质上效果相反的行动。

㉛龙蛇之蛰:《易·系辞下》:"龙蛇之蛰,以存身也。"蛰,动物冬眠,
潜伏起来不食不动。虞翻注:"蛰,潜藏也。"

㉜尺蠖之屈以求伸:《易·系辞下》:"尺蠖之屈,以求信也;龙蛇之
蛰,以存身也。"比喻先屈后伸。尺蠖,蛾的幼虫,体柔软细长,屈
伸而行。

㉝韩信屈于胯下之辱:《史记·淮阴侯列传》载:"淮阴屠中少年有
侮信者,曰:'若虽长大,好带刀剑,中情怯耳。'众辱之曰:'信能
死,刺我;不能死,出我袴下。'于是信孰视之,俛出袴下,蒲伏。
一市人皆笑信,以为怯。"

㉞下之:处于他的下面,甘拜下风。

㉟展喜犒齐师:鲁僖公二十六年(前634)春,齐国讨伐鲁国。僖公
派展喜犒劳齐国的军队,让他在展禽那里接受命令。展喜对齐
侯说:"我君主听说您亲自前来,派我来犒劳您。"齐侯说:"鲁国
人害怕吗?"展喜回答说:"小人害怕,君子不害怕。"齐侯说:"你
们有什么可仗恃的,而不惊恐?"展喜回答说:"仗恃着先王的命
令。从前周公、太公订下盟誓说:'世世代代、子子孙孙不互相侵
害!'这盟约放在盟府里,由太史掌管它。齐桓公因此联合诸侯,
使他们弥合裂痕,和睦相处,这正是彰显了太公的职责。到了您
即位的时候,我们都期望您继承桓公的事业,认为您一定会履行
太公的职责,所以我们一点也不害怕。"齐侯于是撤军回国。

㊱晋文避楚三舍:春秋时,晋国公子重耳流亡至楚国,楚成王礼遇

重耳,并问:"公子若有一天返回晋国,将用什么报答我?"重耳回
答:"若托您的福返回晋国,我们两国交战的时候,我先辟君三
舍。"舍,军行三十里。后重耳返国执政,晋、楚在城濮发生战争,
晋军果然"退三舍以辟之"。见《左传·僖公二十三年》《僖公二
十八年》。

㊲屈仇:使仇敌屈服。

㊳裕:宽大,宽容。《易·系辞下》:"益,德之裕也。"韩康伯注:"能
益物者,其德宽大也。"

㊴赫赫:显赫盛大。

㊵变在萌而争之:福祸变化还在萌芽时进行争竞。

㊶陈余以张耳之变,卒受离身之害:陈余,战国末魏国大梁(今河南
开封西北)人,与张耳为刎颈之交。秦末参加反秦起义,与武臣、
张耳等人北略赵地,并拥立武臣为王。后与张耳关系破裂。项
羽分封时,因觉得分封不公,愤而依附田荣,赶走常山王张耳,迎
赵歇为王。汉高帝三年,张耳韩信破赵,陈余被杀。张耳,战国
末魏国大梁(今河南开封西北)人,少时为信陵君门客,与陈余俱
为当时名士。秦灭魏以后,因受到朝廷的悬赏缉拿,与陈余改名
换姓逃至陈。秦末参加反秦起义,劝陈胜立六国之后,未被采
纳。后又请兵略赵地,立武臣为赵王。巨鹿之战后,与陈余关系
恶化。项羽分封诸侯,张耳被封为常山王。后受到陈余袭击,投
奔刘邦,随韩信破赵,后被刘邦立为赵王。卒,终于。离身,自身
败亡后代灭绝。

㊷彭宠以朱浮之郤,终有覆亡之祸:彭宠,西汉末南阳宛(今河南南
阳)人,字伯通。少为郡吏,更始政权建立后任偏将军,行渔阳太
守事。后归附刘秀,封建忠侯,赐号大将军。为刘秀势力的扩张
立有大功,因功高赏薄,心怀不满,又与幽州牧朱浮不和,于建武
二年发兵反,自立为燕王,后被杀。朱浮,东汉初沛国萧(今安徽

萧县西北)人,字叔元。新莽末年,随刘秀起兵,破王郎,拜为大
将军、幽州牧,封武阳侯。与渔阳太守彭宠关系恶化,被彭宠打
败。光武帝爱其才,任为执金吾,徙封父城侯。以后历任太仆、
大司空等职。后因卖弄国恩被免官。因好陵折同僚,明帝永平
中被赐死。郄,同"隙",嫌隙。

㊸二女争桑,吴楚之难作:《史记·吴太伯世家》记载:楚边邑卑梁
氏之处女与吴边邑之女争桑,二女家怒相灭,两国边邑长闻之,
怒而相攻,灭吴之边邑。吴王怒,故遂伐楚,取两都而去。

㊹季郈(hòn)斗鸡,鲁国之衅作:《左传·昭公二十五年》记载:季
氏、郈氏两家的鸡相斗,季氏给鸡披上铠甲,郈氏给鸡做了金属
的距趾套。季孙意如发怒,从郈氏那儿侵占土地增建房屋,并且
责备郈氏,因此郈昭伯也怨恨季孙意如。

【译文】

然而争强好胜之人,却说不是这样。贪则好胜,虽然听说过谦让的风
气,但心里却不明白,说什么古人谦让乃得,今人谦让乃失。心里认为这种说法
对,便起而争之。他们认为处在众人之前是迅捷锐利,认为处在众人之后
是停留滞后,所以坐卧行止匆匆忙忙,不注重自身修养。认为处在众人之下
是卑微屈服,认为超过同等人是异才英杰,没有根据的骄傲,居人之上,不
以小人之举为羞耻。认为谦让对手是避让屈辱,认为凌驾人上是崇高。
所以赵穿不顾元帅贸然出击,先縠率偏师冲入楚军。所以他们不顾一切地重
复以往的错误,不能从错误中自觉返回。譬如虎狼争抢食物,于是有了要
杀人的怒气。用对抗的态度对待贤者,必然得到谦让。蔺相如对廉颇谦恭
退让,双方都得其利。抱对抗的态度对待急暴之人,必然造成敌对非难。
灌夫不向田蚡低头,所以双方获罪。敌对非难已经造成,则是非的道理必
然混沌难以辩明。全都自以为是以对方为非,谁能明白呢!是非的道理混
沌难以辩明,则与自己诋毁自己有什么不同!两虎相斗,小者死大者伤,怎
能够两全呢!况且别人诋毁自己,全都因怨恨之气爆发而变故征兆发生

出现。如果本来没有怨恨，即使遇到时机，也不致谗毁陷害。诋毁之人必然会用一件事作为借口，把毁谤的实质掩饰起来。凡是互相谗毁诽谤者，必然要寻找一些漂亮的借口。其余的旁听之人虽然不全部相信他们所说的借口，还是有一半认为是对的。由于所说的话有自己的根据和角度，所以有一半人相信。自己对诋毁者的回击报复，也像诋毁者那样。以诽谤相报复，为之添油加醋。归根到底，都有一半可信。远近之人所看所听都信以为然。说得有形有状，人们不得其实，所以远近听说的人，全都信一半这种说法，信一半那种说法。这就是说气愤相交激烈争斗，是改换用对方的嘴来自我毁谤。自己说别人的污点，别人也说自己的污点，虽然是在侮辱别人，其实也是在咒骂自己。同时用语言互相争斗，是借别人的手来打自己。言辞激烈则会动手，自己打了别人，别人也打了自己，这就是借别人的手自殴。这种行为不是太荒谬使人不解了吗！借别人手自殴，借别人口自骂，不是荒谬是什么呢？然而追究其所发生的原因，难道深切责备自身的错误，能够引起这种变故争讼吗？如果自己能够自责，别人也能够自责，双方没有言语冲突，争讼哪里会产生呢？全都是由于在内宽恕之心不足，对外埋怨他人不停所造成的。所以会发生争讼，由于对内不能扩充仁爱之心进行自责，对外对别人不停地怨恨。或者是由于怨恨对方轻视自己，或者是痛恨对方胜过自己。所以会心争，总没有休止。自己浅薄而对方轻视自己，这是我理亏而对方理直。理亏被轻视，本来就应该。如果我贤能而对方不知道，则被轻视就不是自己的过错了。亲近带刺的树木，固然会被伤害。如果对方贤能而位置处在自己前面，则是因为自己的德行还没达到。对方德行欠缺，被对方谗毁也是必然的。如果德行相当而对方在我前面，则是因为自己的德行与他接近略低。德行相等而年龄低于对方，也应当居其之后。这样有什么可怨恨的呢！而且两个人的贤能没有差别，那么能谦让的就是杰出的人才。才能均等而不争优劣，大家都会以其谦让为美。两个人争抢杰出而不分上下，那么争抢用力大的为劣等。才俊相等而分不出名次，众人以其争斗为恶劣。所以蔺相如因为回车躲避廉颇的羞辱而胜出一筹，寇恂因为避免与贾复争斗而获得贤名。这两个贤人，知道争讼的道路不可走，所以回车退避，或者酒肉迎送。所以廉颇贾复认识错误，争竞消除。行动的结果在表面上与实质上截然相反，这就是君子所说的道理。龙蛇蛰伏以保存自己，尺蠖屈体以求伸张。爬虫，是微小之物，都知道盘屈，何况人呢！所以君子知道弯屈可以达到伸展的目的，所以忍含屈辱而不推辞。韩信忍受胯下之辱。他们知道卑词谦让可以胜过对手，所以毫不迟疑地选择处在下边的位置。展喜犒劳齐国军队就是这类例子。然而等到最终的结果，乃是转祸为福，晋文公对楚军退避三舍，所以建立了城濮之战的功勋。使仇人屈服化为朋友。蔺相如谦让廉颇，二人成为刎颈之交。使怨恨仇视不延及到后代，而谦让的美名却永远地流传下去。子孙蒙受其荣荫，史籍记载其高义。君子所说的道理，难道不是宽容吗！如果急躁好争，则当时就会身受危害，哪来的后世之福！而且君子能忍受小小的嫌隙，所以没有变成大斗的讼争。大的争讼起于纤芥小事，所以君子在小事上也谨慎。小人不能忍受小小的愤怒，最终招致大大的失败屈辱。小人认为恶小没有伤害而不摒弃它，所以导致罪大不能消解，积恶不能救药。对方怨恨很小的时候甘拜下风，还可以实践谦逊的美德。仇怨还在微细的时候，谦让之德可以除之。福祸变化还在萌芽时就进行争竞，就会酿成无法挽救的大祸。涓涓细水不停地注入汇成江河，小洞漏水导致覆舟，怎能挽救！所以陈余因为与张耳关系的变糟，最终遭受自身败亡后代灭绝的灾祸；思念报复一时的小怨，忘记会造成终身恶果，所以身灭而绝后。彭宠因为与朱浮的矛盾，最终落得被杀的下场。抱恨于督查责罚的小事，离开了终始之大计，所以宗族遭到夷灭。认识福祸转化发生的缘由，能够对此不谨慎吗！二女因采桑而争，引起吴楚两国的灾难；季氏和郈氏斗鸡，导致鲁国祸乱兴起。能不畏惧吗！能不畏惧吗！

　　是故君子之求胜也，以推让为利锐，推让所往，前无坚敌。以自修为棚橹[①]，修己以敬，物无害者。静则闭嘿泯之玄门[②]，动则由恭顺之通路③。时可以静则重闭而玄嘿④,时可以动则履正而后进。**是以战胜而争不形⑤**,动静得节,故胜无与争;争不以力,故胜功见耳。**敌服而怨不搆。**干戈不用,何怨搆之有?**若然者悔吝不存于声色⑥**,夫何显争之有哉!色貌犹不动,况力争乎!彼显争者,必自以为贤人,而人以为险诐者⑦。以己为贤,专固自是,是己非人,人得不争乎?实无险德,则无可毁之义。若信有险德,又何可与讼乎!险而与之讼,是柙兕而撄虎⑧,其可乎?怒而害人,亦必矣⑨。《易》曰:"险而违者讼,讼必有众起。"⑩言险而行违,必起众而成讼矣。《老子》曰:"夫惟不争,故天下莫能与之争。"以谦让为务者,所往而无争。是故君子以争途之不可由也。由于争途者,必覆轮而致祸。

【注释】

①棚櫓:防御武器。棚,棚阁,即敌楼。《资治通鉴·唐肃宗至德二年》:"贼又以钩车钩城上棚阁。"胡三省注:"棚阁者,于城上架木为棚,跳出城外四五尺许,上有屋宇以蔽风雨。战士居之,以临御外敌。今人谓之敌楼。"櫓,很大的盾牌。

②嘿泯之玄门:寂静沉默清静无为的大门。

③由:遵从。

④玄嘿:寂静无为。《晋书·儒林传序》:"简文玄嘿,敦悦《丘》《坟》。"又作"玄默",《汉书·刑法志》:"及孝文即位,躬修玄默,劝趣农桑,减省租赋。"

⑤争不形:不形成争竞。即下文刘昺所说"动静得节,故胜无与争"。

⑥悔吝:悔恨。《后汉书·马援传》:"出征交阯,土多瘴气,援与妻子生诀,无悔吝之心。"

⑦险诐(bì)：阴险邪僻。《诗·周南·卷耳序》："内有进贤之志，而无险诐私谒之心。"孔颖达疏："险诐者，情实不正、誉恶为善之辞也。"

⑧柙咒：把犀牛关进笼子。撄虎：迫近老虎。撄，迫近。《孟子·尽心下》："有众逐虎，虎负嵎，莫之敢撄。"

⑨亦必矣：也是必然的。

⑩险而违者讼，讼必有众起：即下文刘昺所说"言险而行违，必起众而成讼矣"。《易·谦》："饮食必有讼，讼必有众起。"这句话与《易》原话有异。

【译文】

所以君子求胜的方法，是把推辞谦让作为利刃锐器，推让者所向无敌。把自我修养作为防御的城楼和盾牌，修养自己敬重别人，则不被别人所害。静时则关闭寂静沉默清静无为的大门，动时则遵从恭敬顺从的通衢大路。形势需要清静时则紧闭清静无为的大门，形势需要行动时则寻求正道再往前走。所以他会取胜而不形成争竞，动静有控制，则胜也无人与之争；争不以力，则胜利之功显现。对手屈服而构不成怨恨。不用干戈，怎能构成怨恨？如果是这样就会脸上连悔恨之色都没有，怎么会发生公开的争竞呢！声色尚且不动，何况用力去争呢！那些公开与人争竞的人，必然是自以为贤能，而别人却认为是阴险邪僻的人。认为自己是贤者，固执地自以为是，觉得自己对别人不对，别人能不与之争吗？如果他确实没有阴险邪僻的品德，则没有可诋毁的地方。如果确实有阴险邪僻的品德，又何必与他争论呢！明明是阴险邪僻的人却与他争论，就好像把犀牛关进笼中和迫近被逼到绝路上的老虎一样，这怎么可以呢？如果这样，他们就会怒而害人，这是必然的。《周易》说："言论险恶行动违背常规，必然引起众人起来和他争论。"言论险恶行动违背常规，必然引起众人起来和他争论。《老子》说："正是因为不和别人争，所以天下没有人能够与之争。"以谦让为行动指导的人，所往而无争。所以君子认为争竞之路不可行啊。踏上争途者，必然翻车致祸。

是以越俗乘高①，独行于三等之上②。何谓三等？大无功而自矜，一等。空虚自矜，故为下等也。有功而伐之，二等。自伐其能，故为中等。功大而不伐，三等。推功于物，故为上等。愚而好胜，一等。不自量度，故为下等。贤而尚人，二等。自美其能，故为中等。贤而能让，三等。归善于物，故为上等。缓己急人③，一等。性不恕人，故为下等。急己急人，二等。褊戾峭刻④，故为中等。急己宽人，三等。谨身恕物，故为上等。凡此数者⑤，皆道之奇⑥，物之变也。心不纯一，是谓奇变。三变而后得之，故人莫能及也。小人安其下等，何由能及哉？夫惟知道通变者⑦，然后能处之。处上等而不失者也。是故孟之反以不伐⑧，获圣人之誉。不伐其功，美誉自生。管叔以辞赏⑨，受嘉重之赐⑩。不贪其赏，嘉赐自致。夫岂诡遇以求之哉⑪？乃纯德自然之所合也。岂故不伐辞赏，诡情求名耶⑫？乃至直发于中自与理会也⑬。彼君子知自损之为益，故功一而美二⑭。自损而行成名立。小人不知自益之为损，故一伐而并失。自伐而行毁名丧。由此论之，则不伐者，伐之也。不争者，争之也。不伐而名章，不争而理得。让敌者，胜之也。下众者，上之也。退让而敌服，谦尊而德光。君子诚能睹争途之召险，独乘高于玄路⑮，则光晖焕而日新⑯，德声伦于古人矣⑰。避忿肆之险途，独逍遥于上等；远燕雀于啁啾，匹鸣凤于玄旷，然后德辉燿于来今，清光侔于往代。

【注释】

①越俗乘高：超越世俗登至高处。

②独行：不随世俗沉浮。

③缓己急人：对己宽松对人严格。

④褊戾峭刻：狭隘暴躁，严厉苛刻。

⑤凡此数者：所有这几等。

⑥道之奇：争和让道理的特殊表现。

⑦知道通变：知道道理通晓变化。

⑧孟之反：春秋时鲁国大夫，名之侧，字反。鲁哀公十一年，鲁军与齐军战，大败，孟之侧在败退时走在最后。走到城门时，受到人们赞扬。他却用鞭子打着马说："非敢后也，马不进也。"事见《论语·雍也》。

⑨管叔：西周初人，又称叔鲜，周初三监之一，周文王之子，武王之弟。武王灭商后被封于管（今河南郑州），监视武庚及殷遗民。周成王时因不满周公摄政，与武庚起兵作乱，兵败被杀。管叔并无辞赏受嘉奖之事，此处管叔疑为三国时的管宁。见《三国志·魏书·管宁传》及裴松之注。

⑩嘉重：重重嘉奖。

⑪诡遇以求：用不正当的手段去求取。

⑫不伐辞赏，诡情求名：不自夸辞赏赐，实际上是违背自己的真情而求美名。诡情，违背自己真情。

⑬理会：合于道理。

⑭功一而美二：一件事而收到两种好结果。功，事情，事业。《诗·豳风·七月》："嗟我农夫，我稼既同，上入执宫功。"朱熹《集传》："功，葺治之事。"

⑮玄路：脱离世俗玄远高妙的境界。

⑯焕：放射光芒。

⑰伦：类，同。

【译文】

所以要超越世俗登至高处，不随世俗沉浮处在三等之上。什么是三等？没有大功却自高自大，一等。空洞而自夸，所以为下等。有功却自我夸耀，二等。自夸其能力，所以为中等。立有大功却不自夸，三等。把功劳让给别人，所以为上等。愚钝却争强好胜，一等。不自量力，所以为下等。贤能又能推崇别人，二等。自我欣赏能力，所以为中等。贤能又能谦让别人，三等。把好处让给别人，所以为上等。对己宽松对人严格，一等。不宽容别人，所以为下等。对自己和别人都严格，二等。狭隘暴躁，严厉苛刻，所以为中等。对自己严格对别人宽松，三等。于己谨慎于人宽容，所以为上等。所有这几等，都是争和让道理的具体表现，从而使事物结果变化。人心不是纯粹单一的，这就是奇变。经过三等变化之后而掌握了这个道理，所以没有人能够赶得上。小人自安于下等，怎么能够赶得上呢？只有知道道理通晓变化，才能够处在上等的位置。处于上等而不失其位。所以孟之反因为不自夸，受到孔子的称赞。不夸耀自己功劳，美誉自然产生。管叔因为推辞赏赐，受到重重的嘉奖。不贪图奖赏，赏赐自然到来。怎么能说这些是用不正当的手段去求取名利呢？这是纯正的道德在内部自然而发又与争让变化的道理吻合啊。怎么是故意不自夸不求赏违背真情求取名声呢？这是发自内心而自然合于道理啊。君子知道自我贬损是有益的，所以能做一件事而收到两种好结果。自我贬损而功效和名誉双收。小人不知道自满会招致损失，所以一个自我夸耀会失去双倍的东西。自我夸耀而功效和名誉双损。由此而论，不自夸，却受到夸赞。不争名夺利，却收到争的效果。不自夸而得名，不争竞而得理。谦让对手，却能够战胜他。处在众人之下，最终却在众人之上。退让而使对手降服，谦尊而使德行光大。君子如果真能看到争竞的道路凶险，独自登高在脱离世俗玄远高妙的坦途行进，就会光芒四射日新月异，品德和名声等同于古代的贤人。避开逞忿肆争之险途，自在于无争谦退之上等境界；不学燕雀的唧唧喳喳，要像凤凰那样长鸣致远，然后才能使道德光辉照耀现在与将来，清静的光芒等同于古代。

中华经典名著
全本全注全译丛书
（已出书目）

读通鉴论

宋论

文史通义

老子

道德经

帛书老子

鹖冠子

黄帝四经·关尹子·尸子

孙子兵法

墨子

管子

孔子家语

曾子·子思子·孔丛子

吴子·司马法

商君书

慎子·太白阴经

列子

鬼谷子

庄子

公孙龙子(外三种)

荀子

六韬

吕氏春秋

韩非子

山海经

黄帝内经

素书

新书

淮南子

九章算术(附海岛算经)

新序

说苑

列仙传

盐铁论

法言

方言

白虎通义

论衡

潜夫论

政论·昌言

风俗通义

申鉴·中论

太平经

伤寒论

周易参同契

人物志

博物志

抱朴子内篇

抱朴子外篇

西京杂记

神仙传

搜神记